초등학생이라면 이것만은 꼭!

초등 호기심백과

글 **봉현주** | 그림 **김학수** | 감수 **이정모**

삼성출판사

목차

우리 몸이 궁금할 때

- 06 키 크는 방법이 있을까?
- 08 대머리는 왜 생길까?
- 10 사람마다 피부색이 왜 다를까?
- 12 왼손잡이 중에 천재가 많다는데?
- 14 지문은 왜 사람마다 다를까?
- 16 녹음한 목소리는 왜 이상하게 들릴까?
- 18 차를 타면 왜 멀미를 할까?
- 20 하품을 하면 왜 눈물이 날까?
- 22 코는 왜 골까?
- 24 딸꾹질은 왜 할까?
- 26 트림은 왜 할까?
- 28 방귀는 왜 뀌는 걸까?
- 30 감기는 왜 걸릴까?
- 32 꿈은 왜 꿀까?
- 34 스트레스란 뭘까?
- 36 죽는다는 것은 어떤 상태를 뜻할까?

동물·식물이 궁금할 때

- 40 원숭이는 정말 사람의 조상일까?
- 42 공룡은 왜 멸종했을까?
- 44 뱀은 왜 허물을 벗을까?
- 46 동물은 왜 꼬리가 있을까?
- 48 도마뱀 꼬리는 잘려도 왜 피가 안 날까?
- 50 앵무새는 어떻게 말을 할 수 있을까?
- 52 낙타 등에는 왜 혹이 있을까?
- 54 소는 어떻게 풀만 먹고도 힘이 셀까?
- 56 성별을 바꾸는 물고기가 있다는데?
- 58 산호는 식물일까, 동물일까?
- 60 꽃은 왜 아름다울까?
- 62 장미꽃은 왜 가시가 있을까?
- 64 숲속에서는 왜 기분이 상쾌해질까?
- 66 나무의 나이테는 어떻게 생길까?
- 68 상록수는 어떻게 항상 푸르를까?

자연 현상이 궁금할 때

- 72 저녁노을은 왜 빨갛게 보일까?
- 74 천둥은 왜 치는 걸까?
- 76 태풍은 어디서 생기는 걸까?
- 78 바닷물은 왜 짤까?
- 80 바다는 왜 얼지 않을까?

- 82 화산 폭발은 왜 일어날까?
- 84 지구가 도는 것을 왜 느끼지 못할까?
- 86 운석은 어디에서 떨어지는 걸까?
- 88 별은 왜 반짝일까?
- 90 화성에도 생명체가 있을까?
- 92 토성의 고리는 무엇으로 이루어져 있을까?
- 94 건전지는 왜 따로 버려야 할까?
- 96 산성비가 뭘까?
- 98 지구 온난화가 뭘까?
- 100 환경 호르몬이 뭘까?

- 126 국보는 어떻게 정할까?
- 128 전자레인지는 어떻게 음식을 데울까?
- 130 거짓말 탐지기는 어떻게 거짓말을 알아낼까?

정치·경제가 궁금할 때

- 134 세금은 왜 낼까?
- 136 은행에 돈을 맡기면 왜 이자를 받을까?
- 138 경기가 좋다 또는 나쁘다는 말이 뭘까?
- 140 돈을 많이 찍어 내면 어떻게 될까?
- 142 주식이 뭘까?
- 144 환율이 뭘까?
- 146 대통령과 수상은 어떻게 다를까?
- 148 국회의원은 체포할 수 없다는데?
- 150 일본은 왜 독도를 자기네 땅이라고 우길까?
- 152 팔레스타인과 이스라엘은 왜 싸울까?
- 154 유로가 뭘까?
- 156 왜 핵무기를 개발했을까?
- 158 남극은 어느 나라 땅일까?

일반 상식이 궁금할 때

- 104 시계 바늘은 왜 오른쪽으로만 돌까?
- 106 수세식 화장실은 언제부터 사용했을까?
- 108 청바지는 어떻게 만들어졌을까?
- 110 밸런타인데이는 어떻게 생겨났을까?
- 112 올림픽은 언제 시작됐을까?
- 114 월드컵 대회는 언제 시작됐을까?
- 116 마라톤 거리는 왜 42.195km일까?
- 118 아라비아 숫자는 누가 만들었을까?
- 120 7월과 8월은 왜 연달아 31일일까?
- 122 윤년이 뭘까?
- 124 마취제가 없었을 때는 어떻게 수술했을까?

우리 몸 Body

우리 몸 구석구석을 살펴보면 신기한 게 참 많습니다.
사람마다 피부색이 다른가 하면, 손가락에는 이상한 무늬도 있습니다.
차를 탈 때는 멀미를 하고, 슬프지도 않은데 하품을 하면 눈물이 나오지요.
가끔은 이상한 소리도 납니다. "딸꾹 딸꾹, 드르렁 드르렁, 뿌우웅 뿌우웅~!"
과연 우리 몸에는 어떤 비밀이 숨어 있는 걸까요?

키 크는 방법이 있을까?

작은 고추가 맵다고 합니다. 키나 몸집이 작아도 야무지고 똑똑한 사람이 많다는 의미에서 유래된 속담이지요. 그러나 요즘은 그런 말로 작은 키를 위로할 수 없습니다. 그저 어떻게 해서든 다들 키가 크길 바랍니다. 과연 키 크는 방법이 있을까요?

갓 태어난 아기의 키는 평균 50cm입니다. 그리고 20년쯤 지나면 이것의 3배인 160~170cm가 되지요.

키 크는 데 가장 큰 영향을 미치는 것은 '영양'입니다. 하루 세 끼를 거르지 않고 잘 먹는 게 중요하다는 뜻이지요. 그 다음은 '운동'입니다. 줄넘기, 달리기, 맨손 체조, 자전거 타기 등 적당한 운동을 해야 성장판이 자극을 받습니다. '생활 습관'도 무시할 수 없습니다. 누워서 스마트폰을 오래 보거나, 밤늦게 자는 습관은 성장을 방해하니까요.

다시 말해서 키가 크는 데는 유전적 요인만큼 후천적 요인이 중요하답니다. 키가 크면 좋겠다고요? 이제부터 골고루 먹고 꾸준히 운동하면 쑥쑥 자랄 거예요. 한동안 키 크는 약이 있다고 해서 큰 관심을 끌었던 적이 있지만 그것은 과학적으로 확실하게 입증이 되지 않았답니다.

키는 사람마다 크는 속도가 달라서 어릴 때부터 음식을 골고루 먹고 잘 자는 것이 가장 중요하답니다.

대머리는 왜 생길까?

원래 털은 추위와 더위 등 외부 환경으로부터 피부를 보호하기 위해 자라나는 실 모양의 단백질입니다. 특히 사람의 털은 머리에 집중되어 있지요. 그런데 대머리는 왜 생길까요?

사람의 머리카락 수는 10만 개 정도입니다. 하루에 80개 정도가 빠지지만, 또 80개 정도가 새로 나서 항상 일정한 수를 유지하고 있지요.

그럼 대머리는 한번 빠진 머리카락이 다시 안 나오는 걸까요? 아닙니다. 그보다는 머리카락이 가늘어져서 솜털이 되는 경우가 많습니다. 보통은 머리카락 한 올이 나서 빠지기까지 3년이 걸리는데, 대머리인 사람들은 솜털이 자라자마자 빠지는 것이지요.

대머리는 노화의 한 종류라서 나이 든 사람에게 특히 많이 나타납니다. 또한 대머리는 유전되어서, 아버지나 할아버지가 대머리이면 아들과 손자도 대머리가 되기 쉽답니다.

　대머리 유전자는 남성 호르몬의 영향도 받습니다. 호르몬은 사람의 몸속에서 나오는 화학 물질인데, 남성 호르몬이 지나치게 많은 남자는 젊어서부터 대머리가 되기도 합니다. 여자들도 적은 양이긴 하지만 남성 호르몬을 가지고 있기 때문에 대머리 유전자의 영향을 받을 수 있습니다. 그러나 남자들처럼 벗겨지는 것은 아니고 정수리 부분의 머리숱이 적어지는 정도이지요.

　또 대머리는 식습관이 원인인 경우도 있습니다. 지방이 많이 들어 있는 음식을 먹으면 대머리가 될 확률이 높아지지요. 동양 사람보다 서양 사람에게 대머리가 많은 것은 바로 이 때문이랍니다.

사람마다 피부색이 왜 다를까?

전 세계 사람들은 모두 다른 피부색을 가지고 있답니다. 도대체 같은 사람인데 왜 이렇게 피부색이 다른 걸까요?

전 세계 사람들 중에서 피부가 가장 하얀 사람들은 북유럽 사람들입니다. 반대로 가장 검은 사람들은 서아프리카 사람들이지요. 그러나 대부분의 사람들은 희지도 검지도 않답니다. 이렇게 사람마다 피부색이 다른 것은 피부 속에 들어 있는 '멜라닌'이라는 색소 때문이에요.

아프리카 출신 사람들의 피부에는 많은 양의 멜라닌이 있답니다. 풍부한 햇빛으로부터 피부를 보호하기 위해 멜라닌이 많이 만들어졌기 때문이지요.

그럼 사람들의 피부색은 어떻게 해서 달라지게 되었을까요?

약 400만 년 전, 인류는 열대 우림에서 초원 지대로 활동지를 옮겼습니다.

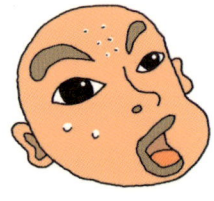

 이때부터 사람들은 땀을 많이 흘리게 되었고, 땀을 쉽게 말리기 위해 털도 점차 사라졌습니다. 그런데 털이 없어지자, 피부가 점차 검어지기 시작했습니다. 햇빛이 침투하지 못하도록 멜라닌이 피부에 퍼졌기 때문입니다. 그러니까 멜라닌이 털을 대신한 셈이지요.

 한편, 햇빛이 적은 지역으로 간 사람들은 멜라닌이 문제였습니다. 멜라닌이 햇빛을 막아 비타민 D를 만들 수 없었기 때문이지요. 비타민 D는 칼슘의 흡수와 뼈의 형성을 돕는데, 햇빛을 쬐어야 만들 수 있습니다. 이런 이유로 북유럽 등에서는 피부색이 옅은 사람들이 많은 거랍니다.

왼손잡이 중에 천재가 많다는데?

아인슈타인, 뉴턴, 베토벤, 레오나르도 다빈치, 마리 퀴리 등 세계적으로 유명한 위인들이 왼손잡이라는 것은 잘 알려져 있습니다. 그래서 사람들은 왼손잡이 중에 천재가 많다고 생각하는데, 사실일까요?

대부분의 사람들은 오른손을 많이 쓰기 때문에 오른쪽 뇌에 비해 왼쪽 뇌가 더 발달합니다. 뇌신경이 목에서 교차하여 반대로 연결되기 때문이지요.

그러나 일부러라도 왼손을 자주 쓰게 되면 오른쪽 뇌도 발달하게 되어 결국 뇌 전체가 골고루 발달한답니다. 뿐만 아니라 왼손잡이는 오른쪽 뇌와 왼쪽 뇌를 연결하는 뇌량이 오른손잡이에 비해 크다고 합니다. 이것을 근거로 왼손잡이가 오른손잡이에 비해 머리가 좋다고 주장하는 학자들까지 있답니다. 그래도 오른손잡이 천재가 더 많다고요? 물론이지요. 오른손잡이가 왼손잡이보다 9배나 더 많으니까요.

좌뇌와 관련된 직업

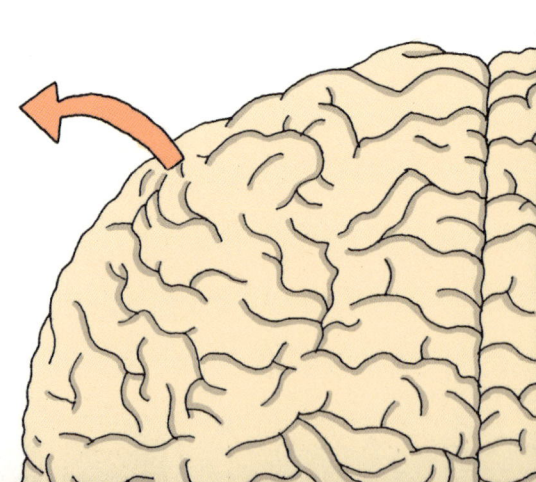

사람의 왼쪽 뇌는 말을 하면서부터 발달했습니다. 왼쪽 뇌가 글자나 숫자를 읽고 글을 쓰는 일과 같은 언어적 기능을 담당하기 때문이지요. 왼쪽 뇌의 발달은 곧 오른손의 발달로 이어졌습니다. 그래서 대부분의 사람들이 오른손잡이인 것입니다.

지문은 왜 사람마다 다를까?

지문은 도장이나 서명 대신 자신을 증명할 수 있는 일종의 신분 증명서입니다. 세상에는 지문이 같은 사람이 한 명도 없으니까요. 그런데 사람마다 지문이 다른 이유는 무엇일까요?

지문은 손가락 끝마디에 있는 선으로 이루어진 무늬를 말합니다. 얼핏 보면 비슷하게 보이지만 사람마다 크기나 모양이 다 다르답니다. 왜 그럴까요?

보통 지문의 모양은 부모를 닮습니다. 예를 들어, 부모의 지문이 일정한 폭과 높이를 가지고 있다면 자식의 지문도 비슷한 모양을 갖게 되지요. 그러나 같은 부모에게서 태어난 자식이라도 얼굴이 다르듯이 지문도 다릅니다. 심지어는 모든 것이 똑같이 생겼다는 일란성 쌍둥이도 지문만은 서로 다르지요.

지문이 똑같은 사람을 한번 만나 보고 싶다고요? 아쉽게도 그런 사람을 만날 확률은 거의 없어요.
그렇다면 지문은 왜 있을까요?
지문이 없으면 물건을 잡을 수 없습니다. 지문 때문에 물건이 잘 미끄러지지 않는 거랍니다. 또 물건의 모양이나 온도, 질감 등도 지문 덕분에 잘 느낄 수 있지요. 그러니까 지문은 생활하는 데 편리하도록 진화하고 발달한 거라고 할 수 있어요.
그러면 발가락에는 왜 지문과 비슷한 무늬가 있을까요? 발가락의 무늬도 물건을 잘 잡기 위해서 발달했다고 합니다. 아주 먼 옛날에는 사람도 동물처럼 나무를 타는 일이 많았습니다. 그래서 나뭇가지를 밟고 오르내릴 때 미끄러지지 않도록 발가락에도 무늬가 생긴 것이지요.

녹음한 목소리는 왜 이상하게 들릴까?

녹음기에 자기 목소리를 녹음한 후 들어 본 적이 있나요? 아마 다른 사람 목소리같이 어색하게 들렸을 겁니다. 다른 사람들 목소리는 똑같은데 왜 내 목소리만 이상하게 들릴까요? 분명히 이유가 있겠지요?

가수가 무대에서 노래를 부르면 관객들은 박수를 칩니다. 가수의 노래는 어떻게 관객들에게 전해지고 박수 소리는 어떻게 가수에게 전해질까요? 노랫소리나 박수 소리는 모두 공기를 통해 전해집니다. 소리가 공기를 진동시키면 이 진동이 귀로 전해지는 것이지요. 다시 말해서 모든 소리는 공기를 진동시키고, 우리는 이 진동을 듣는 것이랍니다.

그런데 자기 목소리를 들을 때는 조금 다릅니다. 자기 목소리는 머리뼈로 이어진 청신경에 의해 전달된 것과 공기를 통해 전달된 것을 함께 듣는 것이지요. 이것은 실제 목소리보다 더 울림이 있게 들린답니다. 그러니까 진짜 자기 목소리가 듣고 싶으면 녹음기에 녹음한 후 들어 보세요.

"녹음기가 고장 났나 봐요. 내 목소리가 이상해요!"

그것이 바로 여러분의 실제 목소리랍니다.

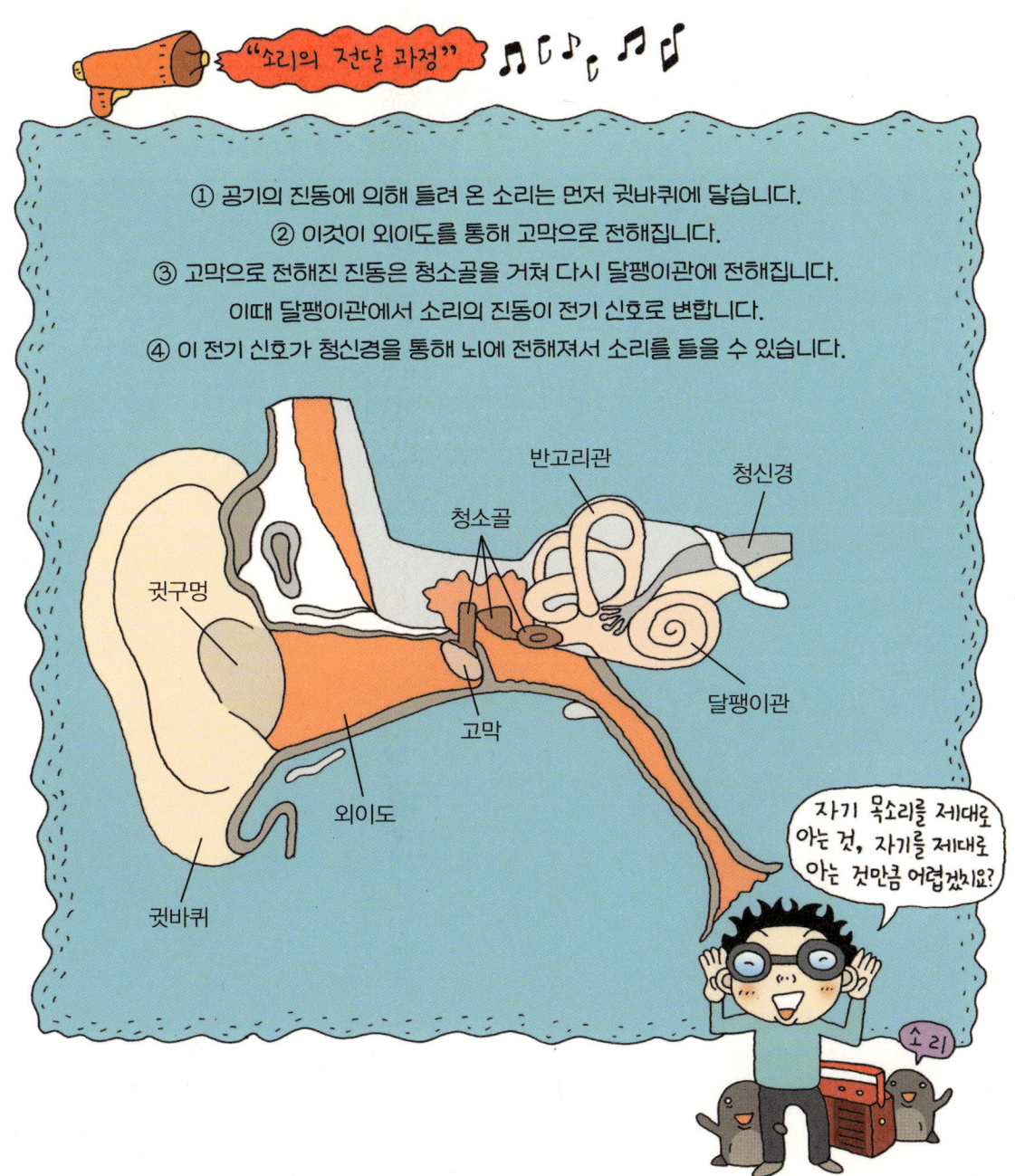

차를 타면 왜 멀미를 할까?

승용차나 버스를 타면 속이 울렁거리는 사람이 있습니다. 속이 메스꺼워지고 심하면 먹은 것을 다 토하기도 하지요. 이런 현상을 '멀미'라고 하는데, 도대체 멀미는 왜 하는 걸까요?

차 타기 2시간 전에 식사를 마치는 것이 좋아요!

먼 곳으로 여행을 하려면 버스나 기차, 배, 또는 비행기를 타야 합니다. 이때 멀미를 한다면 여행이 즐겁기는커녕 집에 돌아가고만 싶겠지요. 창밖의 경치도 눈에 들어오지 않고 노래도 부를 수 없을 테니까요.

반고리관에 자극을 주면 멀미를 하게 된답니다.

① 움직임이 적은 곳에 자리

멀미를 줄이는 요령에 대해 알아봅시다!

멀미를 하는 이유는 귀와 관계가 많습니다. 우리 귓속에는 반고리관이라는 기관이 있습니다. 몸이 움직일 때 그 움직임에 따라 몸의 균형을 잡아 주는 곳이지요. 그런데 차를 타면 많이 움직이게 되고 자세도 자꾸 바뀌어서 균형을 잡는 데 혼란이 생깁니다. 그러다 보니 균형 감각을 잃어 속이 메스꺼워지고 토하는 것입니다. 기차를 탈 때 멀미가 덜한 것은 덜컹거림이 적어 반고리관이 자극을 덜 받기 때문이지요.

"여행은 역시 기차 여행이 최고라니까." 이렇게 말하는 사람은 멀미를 심하게 하는 사람일지도 모릅니다.

하품을 하면 왜 눈물이 날까?

하품을 할 때는 얼굴이 온통 일그러지도록 입을 크게 벌립니다. 눈물도 찔끔 나오고요. 하품은 몸속에 쌓인 더러운 공기를 내보내는 것인데 왜 눈물이 나올까요?

우리 몸은 끊임없이 이산화탄소를 만들어 내고, 또 이것을 내보내기 위해 계속 숨을 내쉽니다. 그런데 졸릴 때나 심심할 때는 이산화탄소가 너무 많이 쌓여서 숨을 쉬는 것만으로는 이산화탄소를 다 내뿜을 수가 없습니다. 그래서 이럴 때는 하품을 해서 한꺼번에 내보내는 것이에요.

그런데 많은 이산화탄소가 한꺼번에 나가다 보니 입이 크게 벌어질 수밖에 없습니다. 이때 위턱과 아래턱 사이의 근육이 늘어나게 되는데, 이 근육이 눈초리 안쪽에 있는 눈물주머니를 눌러서 눈물이 나오는 거랍니다.

그런데 하품할 때 나오는 눈물은 어디에 있던 걸까요?

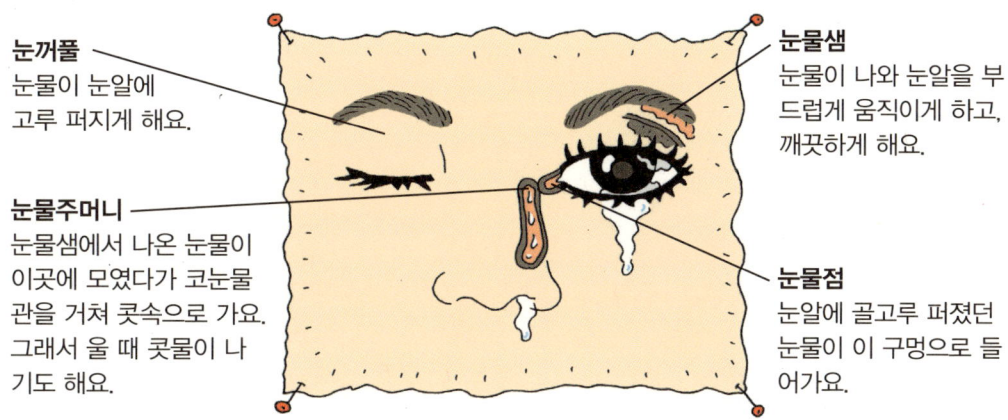

눈꺼풀 — 눈물이 눈알에 고루 퍼지게 해요.

눈물주머니 — 눈물샘에서 나온 눈물이 이곳에 모였다가 코눈물관을 거쳐 콧속으로 가요. 그래서 울 때 콧물이 나기도 해요.

눈물샘 — 눈물이 나와 눈알을 부드럽게 움직이게 하고, 깨끗하게 해요.

눈물점 — 눈알에 골고루 퍼졌던 눈물이 이 구멍으로 들어가요.

　우리가 느끼지 못할 뿐이지 눈물은 늘 흐르고 있습니다. 눈에 들어온 작은 티끌을 씻어 내거나 각막에 영양소와 산소를 공급하기 위해서이지요. 그러나 양이 워낙 적기 때문에 알아차릴 수 없는 것이랍니다.

　눈물은 눈초리 안쪽에 있는 눈물샘에서 나옵니다. 눈알을 씻어 내고 난 눈물은 눈물주머니에 모였다가 콧구멍 속으로 흘러가지요. 하품할 때 나오는 눈물은 바로 이 눈물주머니에 고여 있던 것입니다. 몰래 울고 있는데 누군가에게 들켰다면 이렇게 말하세요. "운 게 아니라 하품한 거예요."라고요.

코는 왜 골까?

바로 옆에서 탱크가 지나가도 잠을 잘 수 있을까요? 흔히 코 고는 소리를 탱크 소리에 비유하기도 하는데, 그만큼 시끄럽다는 뜻이겠지요. 도대체 사람들은 왜 자면서 탱크 소리를 낼까요?

평소에는 조용히 잘 자는 사람도 피곤하면 코를 골게 됩니다. 목젖의 긴장이 풀려서 상기도가 좁아지기 때문이지요. 상기도란 코에서 목구멍으로 이어지는 통로를 말하는데, 이 상기도가 좁아지면 공기의 흐름이 나빠져서 주변의 점막들이 떨리게 됩니다. 바로 이 떨리는 소리가 코 고는 소리이지요. 평소에도 코를 고는 사람은 태어날 때부터 상기도가 좁거나 목젖이 지나치게 긴 경우랍니다.

콧물이 고였을 때도 코를 곱니다. 입과 코로 들어온 공기가 좁아진 구멍을 통과하다 보니 시끄러운 소리가 나는 것이지요. 또 술을 마셨을 때는 모세 혈관이 붓기 때문에 상기도가 좁아져서 코를 곤답니다.

딸꾹질은 왜 할까?

딸꾹! 딸꾹! 멈추지 않고 계속 나오는 딸꾹질 때문에 고생했던 적은 없나요? 딸꾹질은 위험하지는 않지만 답답하고 불편한 증상입니다. 도대체 딸꾹질은 왜 하는 걸까요?

호흡을 담당하는 허파는 스스로 운동을 하지 못하고 횡격막(가슴과 배가 나누어지는 곳에 있는 막)의 운동에 따라 수동적으로 움직입니다. 근육이 없기 때문이지요. 대신 횡격막은 매우 튼튼한 근육으로 되어 있답니다.

횡격막이 팽팽해져서 허파로 공기가 들어오면 가슴이 부풀어 오릅니다. 반대로 횡격막이 느슨해지면 공기가 밖으로 나가지요. 그런데 갑자기 공기를 들이마시거나, 지나치게 긴장하거나, 음식을 급하게 먹으면 횡격막이 경련을 일으킵니다. 이 경련이 바로 '딸꾹질'이랍니다.

"횡격막 놀랐다, 횡격막 놀랐다!" 혹시 딸꾹질 소리가 이렇게 들린 적은 없나요?

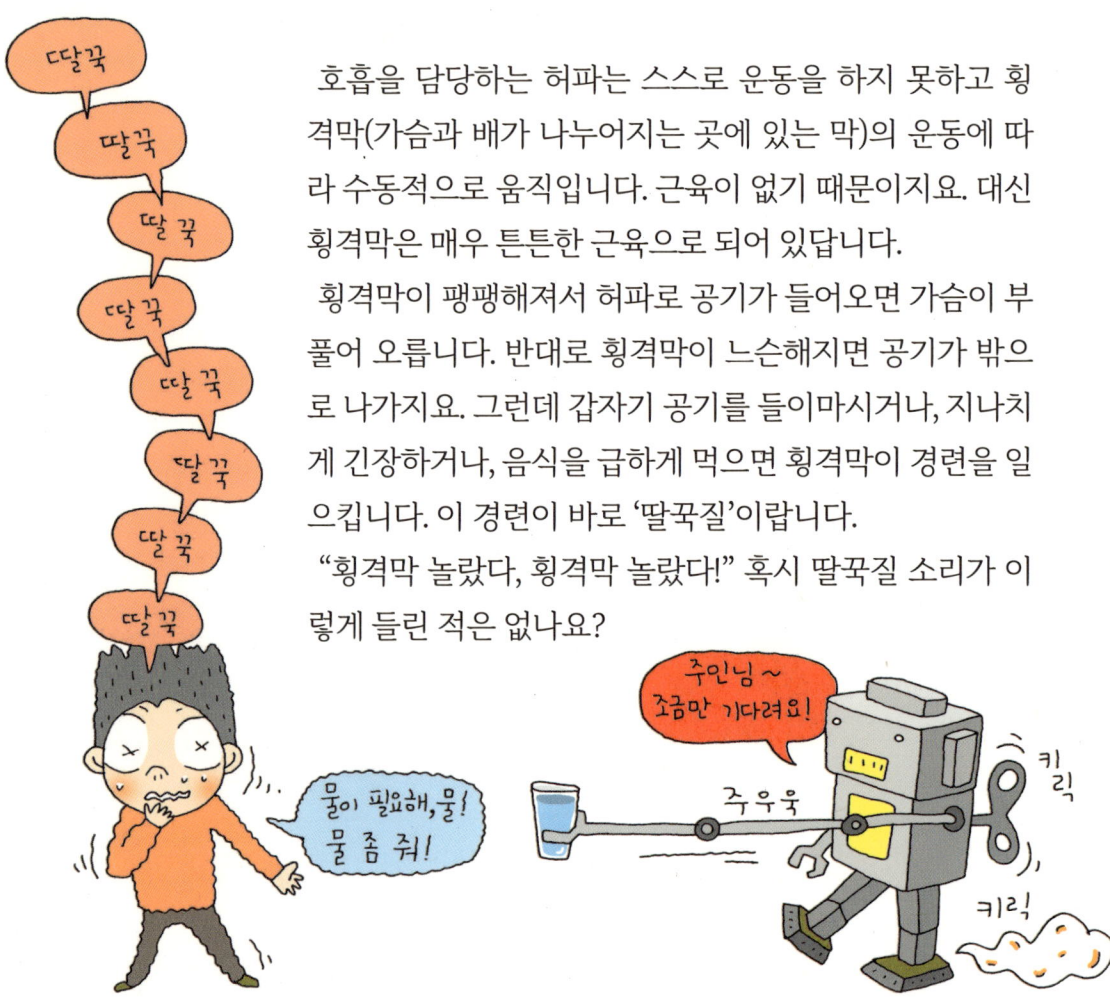

숨을 들이쉴 때
횡격막이 팽팽해지고 허파는 늘어나요.

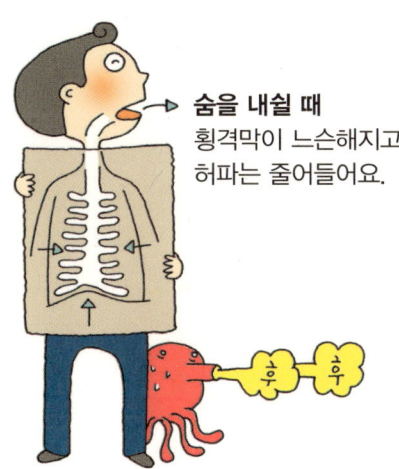

숨을 내쉴 때
횡격막이 느슨해지고 허파는 줄어들어요.

그럼 어떻게 하면 딸꾹질을 멈출 수 있을까요?

첫 째 설탕 한 숟가락을 혀에 올려놓습니다. 그러면 설탕의 단맛이 혀에 있는 신경을 자극해서 대개는 딸꾹질이 멈추지요.

둘 째 양쪽 귀에 손가락을 넣습니다. 이것은 귀에 있는 신경을 자극하는 방법입니다. 그렇다고 너무 깊이 넣어서는 안 되겠지요?

셋 째 찬물을 천천히 마십니다. 찬물을 꿀꺽꿀꺽 삼키면 찬 기운이 신경을 자극해서 딸꾹질이 진정됩니다.

이 밖에도 잠깐 동안 숨 멈추기, 종이 봉지 속에서 숨 쉬기 등의 방법이 있답니다.

트림은 왜 할까?

식사를 하거나 탄산음료를 마시고 나면 나오는 트림은 방귀만큼 큰 실례지요. 특히 식사를 하고 난 후에는 더욱 조심해야 합니다. 그런데 트림은 왜 할까요?

우리 목 안쪽에는 두 개의 통로, 즉 식도와 기도가 있습니다. 음식을 먹으면 식도를 따라 위로 들어가고, 공기를 마시면 기도를 통해 허파로 들어가지요.

그런데 밥을 먹거나, 말을 하거나, 침을 삼키다 보면 공기도 함께 넘기게 됩니다. 또 콜라, 사이다 등의 탄산음료를 마시다 보면 탄산 가스를 직접 먹기도 합니다. 이렇게 먹은 공기와 가스는 음식물보다 가벼워서 위의 윗부분에 모인답니다. 그러다가 어느 정도 차면 식도를 거슬러 올라와 입으로 배출되는데, 이것이 바로 '트림'입니다. 그러니까 트림은 위에 찬 가스를 뿜어내는 작용이지요.

"끅, 잘 먹었다!"하면서 아무 데서나 이렇게 트림하진 마세요. 자신은 시원하겠지만 다른 사람들은 오히려 속이 안 좋아질 테니까요.

방귀는 왜 뀌는 걸까?

방귀를 뀌지 않는 사람은 없습니다. 막 태어난 아기도 뀌고, 백발의 할머니도 뀌고, 우리 모두 뀌지요. 방귀를 뀐다는 건 살아 있다는 증거입니다. 그런데 방귀는 왜 뀌는 걸까요?

우리가 먹은 음식물은 위와 소장을 거치면서 소화가 됩니다. 그러나 100% 다 소화되지는 못합니다. 필요한 양보다 더 많이 먹기 때문이지요. 남은 것들이 대장으로 가면 대장균 등의 미생물에 의해 분해가 됩니다. 이때 생긴 가스가 항문을 통해 "뽀옹~!" 하고 나오는 것이 바로 '방귀'입니다.

고기나 우유 등 단백질 종류의 음식을 먹고 뀌는 방귀는 특히

냄새가 많이 나는 방귀
고기, 우유, 생선 등을 먹었을 때

냄새가 많이 납니다. 단백질이 분해되면서 강한 냄새가 발생하기 때문이지요. 대신 이때 뀌는 방귀는 소리도 작고 양도 적습니다. 또, 변비가 있는 사람이나 소화를 잘 못 시키는 사람의 방귀도 냄새가 많이 납니다. 창자 안에서 이상 발효가 일어나기 때문이랍니다.

 이와는 달리, 밥이나 빵 등 탄수화물 종류의 음식을 먹고 뀌는 방귀는 소리가 크게 납니다. 이산화탄소가 주성분인 방귀가 만들어지기 때문이지요. 그런데 이때 뀌는 방귀는 냄새가 심하지 않답니다.

 그래도 탄수화물 종류의 음식을 먹고 나면 조심해야겠지요? 방귀 소리 때문에 민망해질 수도 있으니까요.

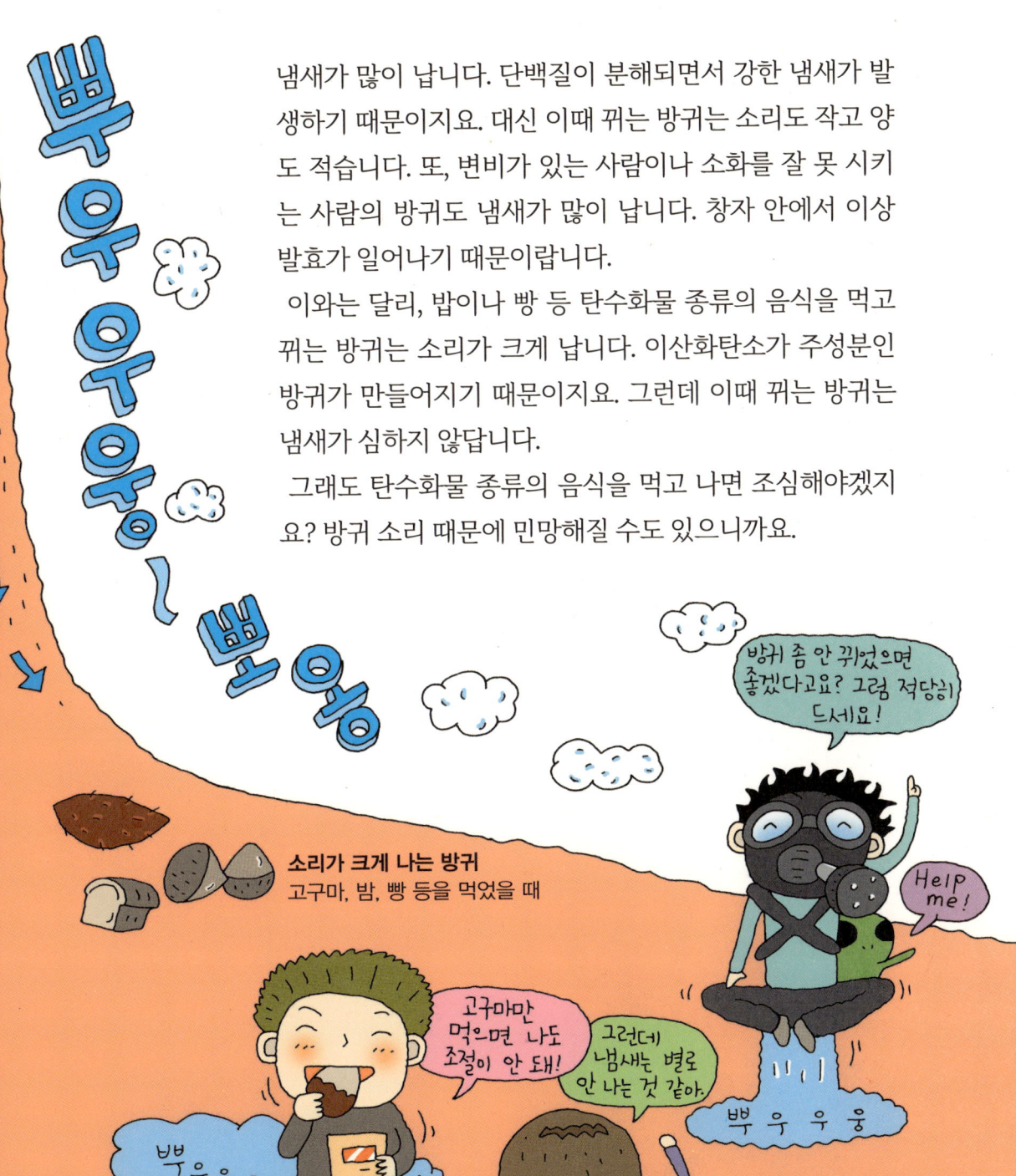

소리가 크게 나는 방귀
고구마, 밤, 빵 등을 먹었을 때

감기는 왜 걸릴까?

훌쩍훌쩍! 콜록콜록! 콧물에다가 목까지 따끔따끔. 추워지면 어김없이 찾아오는 감기는 아주 귀찮고 성가신 존재입니다. 도대체 감기는 왜 걸릴까요?

감기를 일으키는 것은 바이러스라는 병균입니다. 이 바이러스는 콧구멍이나 입을 통해 우리 몸에 들어와서 곳곳에 침투한 뒤 숫자를 늘려 갑니다. 이 과정에서 열이 나거나 목이 아프고, 콧물이 나는 등의 감기 증상이 나타나지요.

감기를 일으키는 바이러스는 자주 그 모습을 바꾸어서 딱 맞는 예방 주사를 만들 수 없답니다. 그러니까 지금까지 개발된 완벽한 감기 치료제는 없는 것이지요.

그렇다고 걱정하진 마세요. 건강한 사람에게는 감기 바이러스가 잘 들어오지 못하니까요.

그럼 감기는 어떻게 다른 사람에게 옮아갈까요?

감기 바이러스가 목구멍을 간질간질 자극하면 사람들은 이 간지러움을 떨쳐 버리기 위해 기침을 합니다.

"콜록콜록!" 이렇게 기침할 때마다 침방울과 함께 바이러스도 뿜어져 나오지요. 이때 나온 침방울이 옆 사람에게 옮겨지기도 하고, 책상이나 수건, 그릇 등에 붙어 있다가 묻어가기도 합니다. 따라서 감기에 걸린 사람과 가까이 하면 바로 감기에 걸리기 쉽지요.

그러니까 감기 환자가 많아지는 환절기에는 사람들이 많이 모이는 곳은 되도록이면 피하고, 밖에 나갔다 돌아오면 손과 발을 잘 씻고, 이를 깨끗이 닦아야겠지요?

꿈은 왜 꿀까?

사람은 자면서 머릿속으로 여러 가지 일을 경험합니다. 이것이 깨어나서도 생각나면 우리는 꿈을 꾸었다고 말합니다. 그런데 꿈은 왜 꾸는 걸까요?

모든 사람은 자신의 감정을 표현하고 싶어 합니다. 말을 하고, 그림을 그리고, 노래를 부르는 등 여러 가지 방법을 통해서요. 꿈도 감정 표현의 한 방법입니다. 낮에 못 했던 말이나 행동 등을 자는 동안 표현하는 것이지요. 그래서 꿈의 내용은 대개 낮에 있었던 일을 배경으로 꾸며집니다. 물론 평소에 간절하게 바라던 일을 꿈으로 꾸기도 하지만요.

뇌는 잠을 잘 때도 쉬지 않고 상상이나 공상을 합니다. 그렇다면 잠자고 있을 때는 항상 꿈을 꾸는 걸까요?

모든 사람은 잠을 잘 때 깊은 잠과 얕은 잠을 번갈아 가며 잡니다. 꿈은 깊은 잠에서 얕은 잠으로 이어질 때 꾸는데, 이것을 '렘수면'이라고 한답니다.

보통 하룻밤에 네 번 정도 렘수면 상태가 되며, 한번 렘수면 상태에 들어가면 30분 정도 이어지지요. 이때 깨우면 90% 정도는 꿈을 꾸었다고 한답니다.

"밤새도록 꿈만 꿨네." 이렇게 말하는 사람은 밤새 깊은 잠을 못 잤다는 말입니다. 그리고 꿈을 꾸지 않았다는 사람도 사실은 꿈을 꾼 것입니다. 다만 기억을 못 할 뿐이지요. 꿈은 실제로 행동하는 것이 아니므로 쉽게 잊혀지거든요.

스트레스란 뭘까?

"아, 스트레스 쌓여!" 어른들이 가장 흔히 하는 말 가운데 하나입니다. 그런데 이 스트레스란 뭘까요? 하기 싫은 일을 억지로 해야 할 때 하는 말일까요?

사람은 누구나 하기 싫은 일을 하거나 하고 싶은 일을 못 하게 되면 짜증이 납니다. 불안하거나 초조하면 가슴이 두근거리고 땀이 나지요. 이렇게 어떤 자극이나 공격을 받았을 때 이를 막기 위해 몸이 나타내는 반응을 '스트레스'라고 합니다.

여러분도 공부를 하다 보면 스트레스가 쌓이지요? 스마트폰도 보고 싶고 친구들과 놀고도 싶은데 학원에도 가야 하고 숙제도 해야 하니 도무지 놀 시간이 없습니다. 그래서 머리도 아프고 짜증나고 가끔 가슴도 두근거립니다. 이런 상태가 계속되면 진짜 병이 됩니다. 그래서 스트레스는 가끔씩 풀어 줘야 하지요.

그러나 적당한 스트레스는 우리 몸에 꼭 필요해요. 위험한 상황을 피하거나 어려움을 극복할 수 있

 게 만들어 주거든요.
 예를 들어, 위험한 찻길을 건넌다고 생각해 보세요. 무서운 차들이 쌩쌩 달리는데 전혀 스트레스를 받지 않는다면 조심하지 않고 마구 건널 것입니다. 그러나 위험하다는 생각이 든다면 스트레스를 받더라도 조심해서 건너겠지요.
 또, 며칠 후가 시험인데 전혀 스트레스를 받지 않는다면 공부를 하지 않을 것입니다. 반대로 스트레스를 받는다면 열심히 공부하겠지요.
 이처럼 스트레스는 조금 더 안전하고 발전된 내일을 위해 필요하기도 하답니다.

죽는다는 것은 어떤 상태를 뜻할까?

이 세상에 태어난 사람이라면 누구나 죽습니다. 늙어서 죽든 사고로 죽든, 죽음은 피해 갈 수 없는 자연의 이치이지요. 그런데 죽는다는 건 과연 어떤 걸까요?

사람이 죽었다는 것은 허파와 심장, 뇌의 활동이 모두 멈춘 것을 말합니다. 그런데 만약 심장 마비로 잠깐 호흡과 맥박이 멈추었다면 어떻게 해야 할까요? 옛날 같으면 장례를 치르기 시작했겠지요. 그러다 보니 가끔 죽은 사람이 되살아나는 경우가 있었답니다. 그렇기 때문에 호흡이 멈췄더라도 뇌가 완전히 죽었는지 확인해 봐야 합니다.

그럼 뇌사란 무엇일까요? 뇌사는 뇌의 모든 기능이 멈춘 상태를 말합니다. 즉 사물을 생각하고 계산하는 대뇌와 숨을 쉬고 심장을 움직이게 하는 뇌간이 모두 더 이상 활동하지 않는 것이지요. 이때 인공호흡기를 사용하면

맥박이나 혈압, 호흡은 얼마 동안 유지할 수 있습니다. 그러나 뇌는 이미 죽었기 때문에 사람을 되살리는 것은 거의 불가능하답니다.
 이에 비해 식물인간은 대뇌는 손상되었지만 뇌간이 살아 있는 경우를 말합니다. 이런 경우에는 인공호흡기 없이도 스스로 숨을 쉬거나 음식을 섭취할 수 있어서 몇 개월에서부터 몇 년까지도 살 수 있습니다.

동물·식물 Animals&Plants

동물원에 가거나 숲을 거닐다 보면 동물·식물을 많이 볼 수 있습니다.
그런데 자세히 지켜보면 궁금한 것이 많이 생깁니다.
사람은 꼬리가 없는데 동물은 왜 꼬리가 있는 건지, 가끔 우리를 놀라게 하는
앵무새는 어떻게 말을 할 수 있는지, 또 아름다운 장미꽃에 왜 가시가 있는 건지…….
우리가 모르는 동물·식물의 비밀은 과연 무엇일까요?

원숭이는 정말 사람의 조상일까?

원숭이를 보고 사람의 조상이라고 말하는 사람도 있습니다. 인류의 조상이 원숭이와 비슷하게 생겼기 때문이지요. 같은 점도 많고요. 원숭이는 정말 사람의 조상일까요?

사람은 침팬지, 고릴라, 일본원숭이, 개코원숭이 등과 같은 영장류예요. 보통 영장류 중에서 원숭이를 뺀 나머지를 유인원이라고 부르고, 유인원에는 침팬지, 보노보, 고릴라 등이 포함된답니다. 그리고 사람도 유인원이지요. 실제로 아프리카 콩고에 사는 보노보와 사람의 유전자는 대략 98% 정도 같다고 합니다. 따라서 동물원에서 볼 수 있는 날쌘 원숭이를 사람의 조상이라고 말할 수 없답니다.

그럼 침팬지가 사람의 조상이냐고요? 천만에요. 사람과 침팬지는 단지 조상이 같을 뿐이에요. 같은 조상으로부터 갈라져 나왔다는 말이지요. 그 시기는 약 700~800만 년 전쯤으로

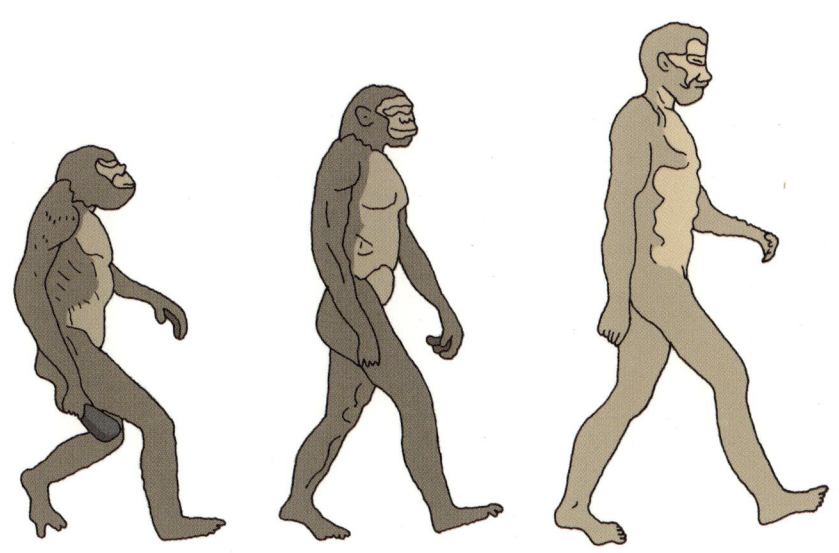

 추측하고 있답니다. 그때부터 인간과 침팬지는 따로따로 진화해 온 것입니다. 700~800만 년 동안 겨우 1.6% 정도가 달라졌을 뿐이지만, 현재 사람과 침팬지는 아주 다른 동물이지요.
 그렇다면 인간과 침팬지가 나누어졌을 때 인간의 모습은 어땠을까요?
 아프리카의 차드 공화국에서 발견된 화석이 그 답을 알려 줍니다. 두개골 크기는 침팬지와 비슷한데, 송곳니가 작고 눈두덩이가 튀어나온 모습이었지요. 즉 인간과 침팬지의 중간쯤 되는 모습이었답니다.

41

공룡은 왜 멸종했을까?

공룡은 지금으로부터 2억 년 전 지구에 나타나기 시작해서 6,600만 년 전에 멸종했습니다. 그러니까 약 1억 년 넘게 지구를 지배한 것이지요. 그런데 왜 갑자기 사라졌을까요?

공룡이 갑자기 사라진 원인은 아직까지 수수께끼로 남아 있답니다. 다만 여러 가지 이론을 들어 추측할 뿐이지요. 그중에서 가장 많은 사람들이 믿는 이론은 '운석 충돌설'입니다.

6,600만 년 전, 지름이 10km나 되는 운석이 지구에 떨어졌답니다. 운석이 떨어진 장소는 지금의 멕시코 부근이라고 해요. 이때 일어난 폭발로 엄청난 열이 발생했지요. 숲이 다 타버릴 정도로요. 그리고 미세먼지가 하늘을 뒤덮어서 햇빛을 가렸어요. 그래서 날씨가 무척 추워졌답니다.

운석이 떨어지기 전까지만 해도 지구의 날씨는 무척 따뜻했습니다. 습지와 얕은 바다에는 식물성 먹이도 풍부했고요.

 초식 공룡이 번성하기에 아주 좋은 조건이었지요. 덕분에 초식 공룡을 잡아먹는 육식 공룡도 번성할 수 있었답니다. 그런데 추운 날씨가 계속되자 식물들이 자라지 않고, 먹이가 없어지자 초식 공룡들도 더 이상 살 수 없었어요. 육식 공룡들도 하나둘씩 죽어 갔지요. 즉 운석과의 충돌로 생물이 살 수 없는 환경이 되어서 공룡을 비롯한 많은 생물들이 한꺼번에 멸종했다는 것입니다.

뱀은 왜 허물을 벗을까?

옛날부터 뱀은 사악한 동물로 여겨졌습니다. 그러나 허물을 벗는다는 점에서 죽으면 다시 태어난다는 불사신의 상징으로 여겨지기도 했지요. 그런데 뱀은 왜 허물을 벗을까요?

뱀의 피부는 몸에서 수분이 빠져 나가는 것을 막기 위해 각질(손톱, 뿔, 부리처럼 단백질로 이루어진 물질)로 이루어져 있습니다. 이런 피부는 한번 완성되면 더 이상 자라거나 변하지 않지요. 그런데 피부 밑의 것들은 계속 자라기 때문에 일정한 시간이 지나면 오래된 허물을 벗고 새로운 피부로 바꾼답니다. 이런 과정을 '탈피'라고 하지요.

탈피를 하는 동물에는 뱀 말고도 도마뱀, 거북, 악어 등이 있는데, 특히 뱀은 어른이 된 뒤에도 계속해서 허물을 계속 벗어요.

허물을 벗기 전에 뱀의 피부는 광택이 흐려지고 없어집니다. 그런 다음 1~2주가 지나면 본격적으로 탈피를 시작하지요.

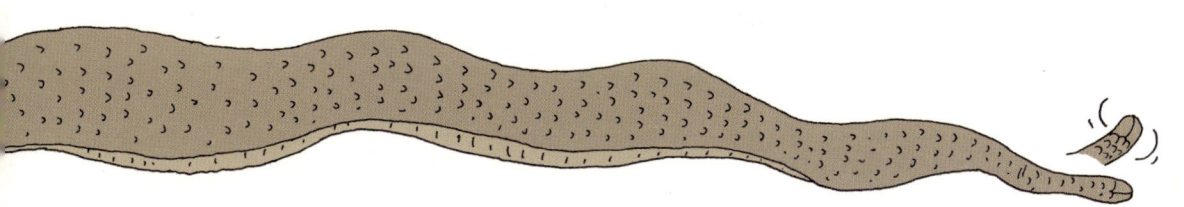

　뱀은 허물을 벗을 때 주로 바위를 이용합니다. 바위에 머리 부분을 비벼서 잘 벗어야 전체를 홀랑 뒤집어 벗을 수 있기 때문입니다. 나중엔 몸만 쏙 빠져 나가고 허물만 덩그러니 남게 되지요. 그래서 너저분하게 옷을 벗어 놓았을 때 이런 말을 해요. '뱀 허물 벗 듯 한다.'고요.
　이런 뱀이 징그럽다고요? 하지만 뱀에게도 이로운 면이 있답니다. 들쥐나 두더지 등을 잡아먹어 농사에 도움을 주기도 하지요.

45

동물은 왜 꼬리가 있을까?

꽁지 부분에 탐스럽게 또는 재미있게 나 있는 꼬리. 어떤 것은 돌돌 말려 있고, 어떤 것은 아주 길지요. 꼬리는 동물만이 가진 특징이기도 합니다. 그런데 동물은 왜 꼬리가 있을까요?

언뜻 보기에 동물의 꼬리는 필요 없는 것처럼 보입니다. 그러나 실제로는 없어서는 안 되는 아주 중요한 것이랍니다.

긴꼬리원숭이들은 긴 꼬리와 팔을 이용해서 이쪽저쪽 나뭇가지를 옮겨 다니기도 하고, 나무에 매달려 잠을 자기도 합니다. 꼬리가 손의 역할을 하는 것이지요.

개와 고양이의 꼬리는 몸의 균형을 맞추는 동시에 기분을 나타내기도 합니다. 개의 경우 기분이 좋을 때는 꼬리를 흔들고, 화가 났을 때는 빳빳하게 세우고, 겁이 날 때는 다리 사이로 감추지요.

주변을 탐색하거나 경계할 때, 꼬리를 몸과 수평으로 두어요.

겁이 나고 불안하면 다리 사이에 꼬리를 감아 넣어 숨기지요.

놀러 갈 때처럼 아주 기분이 좋으면 꼬리를 살랑살랑 흔들어요.

　사자와 호랑이의 꼬리는 몸의 균형을 잡아 줍니다. 만약 꼬리가 없다면 달릴 때 균형을 잡지 못해 뒤뚱거리고 말 거예요. 공룡의 꼬리도 마찬가지입니다. 목이 아주 긴 공룡에게 꼬리가 없었다면 제대로 서 있기조차 어려웠을 겁니다.

　그런데 사람은 왜 꼬리가 없을까요? 아주 먼 옛날에는 사람도 꼬리가 있었습니다. 그런데 두 발로 걸으면서 퇴화된 것이랍니다. 꼬리가 없어도 몸의 균형을 잡을 수 있게 되었기 때문이지요. 고릴라, 침팬지, 오랑우탄 등이 꼬리가 없는 것도 잘 쓰지 않아 퇴화되었기 때문입니다.

　이처럼 동물의 꼬리는 꼭 필요해서 있는 것입니다. 그래도 꼬리보다는 머리가 중요하다고요? 당연하지요. 꼬리는 없어져도 생명에 지장이 없으니까요.

동물들의 꼬리는 결코 멋내기용이 아니랍니다.

도마뱀 꼬리는 잘려도 왜 피가 안 날까?

벽을 기어오르는 도마뱀을 잡았다고 생각하는 순간, 툭! 손에 잡힌 건 꼬리뿐이지요. 그렇다고 핏자국을 따라가 볼 수도 없습니다. 도마뱀은 꼬리가 잘려도 피가 나지 않거든요. 왜 그럴까요?

도마뱀의 꼬리는 아주 쉽게 잘린답니다. 따라서 적에게 꼬리를 잡혔을 때는 주저 없이 잘라 버리고 도망치지요. 이때 잘려진 꼬리는 잠깐 동안 펄떡펄떡 뛰는데, 이것은 적의 눈을 어지럽히는 효과가 있답니다. 그 사이에 도마뱀은 안전한 곳으로 도망갈 수 있지요.

도마뱀이 꼬리를 자를 수 있는 건 꼬리 쪽에 재생 유전자가 있기 때문입니다. 꼬리가 잘려 나가는 순간, 피가 나는 것을 막고 상처를 회복시킨 다음 새로운 꼬리를 만드는 유전자가 있다는 말이지요.

도롱뇽과 플라나리아도 재생 유전자를 가지고 있습니다. 이들은 꼬리뿐 아니라 팔다리가 잘려도 다시 나옵니다. 특히 플라나리아는 몸의 100분의 1만 있어도 전체가 재생된답니다.

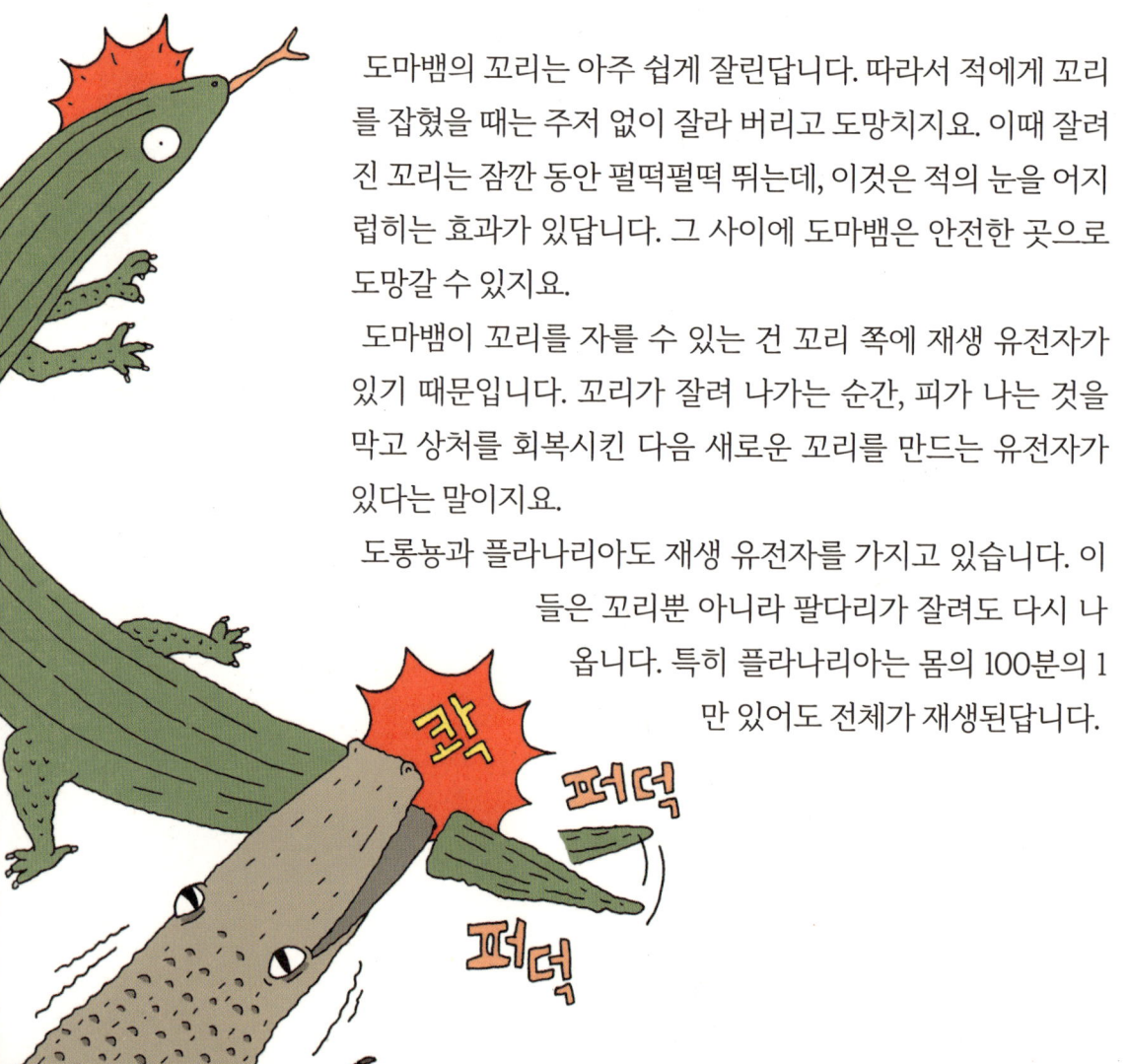

앵무새는 어떻게 말을 할 수 있을까?

대부분의 동물들은 소리나 몸짓으로 자신의 감정이나 생각을 나타냅니다. 앵무새도 마찬가지고요. 그런데 앵무새는 사람의 말도 할 줄 압니다. 어떻게 그럴 수 있을까요?

인간이 다른 동물보다 뛰어난 특징 가운데 하나는 말을 하는 것입니다. 머리가 좋다는 고릴라, 침팬지라 하더라도 말은 못하지요. 그런데 앵무새는 말을 할 줄 압니다. 참 신기하지요?

앵무새가 말을 할 수 있는 건 다른 새들보다 뇌가 발달해서 잘 외우는 데다가 혀의 구조가 특이하기 때문입니다. 보통 새들은 혀가 가늘고 뾰족한데, 앵무새는 사람의 혀와 비슷하게 두껍고 넓적하면서 잘 움직이기 때문이에요. 구관조라는 새도 그렇답니다.

그렇다고 앵무새가 모든 말을 흉내 낼 수 있는 건 아닙니다. 입술을 오므려서 나오는 낱말들은 따라할 수 없지요. 입술이 없으니까요.

아프리카의 한 앵무새는 무려 1,000여 개의 낱말을 흉내 낼 줄 알았답니다. 뜻도 모른 채 말이지요.

앵무새는 사람의 말만 흉내 내는 게 아니라, 노래도 부르고 휘파람도 불 줄 안답니다. 다른 새소리나 전화벨 소리도 흉내 내지요. 캐나다에서 개와 함께 길러진 한 앵무새는 개처럼 행동하고 개처럼 짖었다고 합니다. 그러니까 앵무새는 들은 대로 따라 하는 흉내쟁이랍니다. 이런 앵무새를 키우면 참 재미있겠지요?

낙타 등에는 왜 혹이 있을까?

노을 지는 사막에 긴 그림자를 드리우며 걸어가는 낙타의 모습은 언제 봐도 낭만적입니다. 무거운 혹을 지고 가는 모습이 사막의 외로운 나그네처럼 보이기도 하지요. 그런데 낙타 등에는 왜 혹이 있을까요?

낙타는 사막이나 초원과 같은 곳에서 무거운 짐을 지고 며칠 동안 물을 먹지 않고도 여행할 수 있는 동물입니다. 그래서 낙타를 '사막의 배'라고 하지요.

낙타의 등에는 한 개 또는 두 개의 혹이 나 있습니다. 혹 속에는 기름이 가득 차 있는데, 이것을 분해하여 수분을 보충한답니다. 사람은 물을 마시지 않고 버틸 수 있는 기간이 평균 3일 정도인데, 낙타는 이 혹 덕분에 물 없이 16일을 이동했다는 기록도 있어요. 그러니까 낙타는 등에 짐뿐만 아니라 자기 식량도 싣고 다니는 셈입니다.

혹 이외에도 낙타는 사막과 같은 환경에 견디기 좋은 조건을 몇 가지 가졌습니다.

첫째, 사람은 체온이 항상 일정하지만, 낙타는 매일 34~41.7℃ 사이에서 변한답니다. 그래서 주변 온도가 올라가도 땀을 흘리지 않게 해 주지요.

둘째, 긴 속눈썹과 귀에 난 털은 모래가 들어가는 것을 막아 줍니다. 코도 마음대로 여닫을 수 있고요.

셋째, 발바닥이 넓적하고 두꺼워서 뜨거운 모래 위를 걸어도 끄떡없답니다.

낙타의 사막 적응 방법

기름으로 가득 찬 혹은 식량의 역할을 해요.

귀에 난 털과 긴 속눈썹은 모래를 막아 주어요.

코를 마음대로 여닫을 수 있어요.

사막을 여행할 때는 꼭 낙타를 타세요.

발바닥이 넓적하고 살이 두꺼워서 뜨거운 모래 위를 걸어도 아프지 않아요.

소는 어떻게 풀만 먹고도 힘이 셀까?

옛날에는 밭을 갈 때나 무거운 짐을 실어 나를 때 소를 이용했습니다. 소는 하루 종일 일을 해도 다음 날 쉬는 법이 없을 만큼 힘이 세답니다. 소는 풀만 먹는데 어떻게 힘이 셀까요?

소의 몸은 온통 근육으로 이루어져 있습니다. 특히 다 자란 소는 근육이 아주 단단하지요. 힘도 아주 세고요. 풀만 먹는데 어떻게 이럴 수 있을까요?

그것은 바로 되새김질을 하기 때문입니다. 소의 위는 모두 네 개나 되는데 소화 과정은 다음과 같습니다.

먼저 먹이를 먹으면 첫 번째 위인 '혹위'에서 약간 소화를 시킵니다.

소화되지 않은 것은 작은 덩어리 모양으로 게워 올려집니다. 이것을 씹어서 두 번째 위인 '벌집위'로 보내면 알맞은 크기로 부서지고 다시 게워집니다. 이것을 되새김질하여 세 번째 위인 '겹주름위'로 보내고, 마지막으로 '주름위'까지 가면 먹은 것이 완전히 소화되지요.

이 과정을 모두 거치는 데 3일 이상 걸리며, 소는 이런 소화 과정을 통해 음식물에 들어 있는 영양분을 몽땅 섭취할 수 있습니다. 그래서 다른 음식은 먹지 않아도 되는 것이랍니다.

만약에 소가 고기를 먹으면 힘이 더 세질까요? 그렇지 않습니다. 소의 위는 단백질을 잘 분해시키지 못하기 때문에 분해되지 않은 단백질이 창자에 쌓여 썩게 됩니다. 오히려 건강을 해치게 되지요.

성별을 바꾸는 물고기가 있다는데?

> 대부분의 동물은 수정될 때부터 성별이 정해집니다. 이때 정해진 성별은 평생 바뀌지 않아요. 그런데 물고기 중에는 수컷이 암컷으로 변하고, 암컷이 수컷으로 변하는 것이 있답니다. 정말일까요?

동물의 암컷과 수컷은 여러 가지로 다릅니다. 우선 생김새가 다르고 행동과 역할 등이 다르지요. 몸속 구조는 이보다 훨씬 더 다르고요. 이런 성별은 수정될 때부터 정해진 것이어서 평생 바뀌지 않는 경우가 많습니다.

그러나 몇몇 물고기들은 어느 날 암컷이었던 것이 수컷이 되고, 수컷이었던 것이 암컷이 되기도 한답니다. 생김새뿐만 아니라 행동, 역할, 몸속 구조까지 몽땅 바꾸지요.

청소놀래기는 수컷 한 마리가 여러 암컷과 무리지어 지냅니다. 그런데 수컷이 죽으면 몸집이 가장 큰 암컷이 성별을 바꾸기 시작합니다. 보통 1~2시간이면 수컷의 형태를 갖추게 되고, 이때부터 우두머리가 되지요. 2~4일이 지나면 성별이 완전히 바뀌어 알을 수정시킬 수도 있답니다.

 반대로 흰동가리는 수컷에서 암컷으로 변하는 경우입니다. 흰동가리는 말미잘 속에서 암컷과 수컷이 새끼들과 함께 가족을 이루어 삽니다. 만약 암컷이 죽으면 수컷이 암컷이 되고 새끼 중 가장 큰 놈이 수컷이 되어 종족을 보존하지요.

산호는 식물일까, 동물일까?

산호를 보면 마치 바다에 핀 꽃처럼 보입니다. 노랗고 빨간 산호초 위에 나비라도 날아다닌다면 한 폭의 그림 같겠지요. 그렇다면 산호는 식물일까요?

산호는 꽃처럼 아름답기 때문에 흔히 식물로 생각하기 쉽습니다. 그러나 산호는 산호충이라는 자포동물입니다. 자포동물에는 산호 말고도 해파리, 말미잘 등이 있지요. 해파리는 바닷속을 유유히 떠다니는 반면, 산호나 말미잘은 바닥에 붙어서 플랑크톤을 잡아먹고 산답니다. 촉수로 플랑크톤을 먹고 소화하고 찌꺼기를 배출하기도 하지요.

산호가 알을 낳는 것도 동물이라는 증거예요. 산호는 밤에 알을 낳는데, 이것은 낮에 알을 낳으면 다른 물고기들이 다 먹어버리기 때문이지요. 암컷이 낳은 알은 바닷속을 떠다니다가 살 곳을 찾아 자리를 잡는답니다.

산호는 한 마리씩 떨어져 살기도 하고 여러 마리가 모여서 살기도 합니다. '산호초'는 바로 산호 여러 마리가 모여 이루

어진 것이에요. 이 산호초 주위에는 물고기들이 많이 산답니다. 바닷속에는 숨을 데가 별로 없어서 큰 물고기들에게 잡아먹히기 쉽거든요. 그래서 올록볼록 복잡하게 얽혀 있는 산호초는 물고기들에게는 안락한 집 같은 곳입니다.

산호는 맑고 따뜻한 바다에서만 삽니다. 우리나라는 전국에 서식하는 산호초의 약 70% 정도가 제주도 남쪽 바다에 모여 있지요. 호주에는 세계에서 가장 큰 산호초 무리인 '그레이트배리어리프'가 있는데, 길이가 무려 2,300km나 된답니다.

산호는 자포동물이랍니다

꽃은 왜 아름다울까?

꽃을 보고 인상을 찡그리는 사람은 없을 겁니다. 예쁘고 향기롭기 때문이지요. 아름다운 사람을 꽃에 비유하기도 하는데, 꽃은 왜 향기롭고 아름다운 걸까요?

모든 생명체에게는 후손을 번식시키려는 본능이 있습니다. 식물도 이를 위해 여러 가지 노력을 하지요. 꽃을 피우거나 향기를 풍기면서 말이에요.

식물이 꽃을 피우고 향기를 풍기는 이유는 벌과 나비를 끌어들이기 위해서입니다. 즉 수분을 하기 위해서인데, '수분'이란 수술에 있는 꽃가루가 암술에 묻는 것을 말합니다. 쉽게 말해서 결혼을 하는 것이지요.

"나 너무 예쁘지 않니?", "난 너무 향기롭지 않니?" 하면서 꽃들이 아름다움과 향기를 뽐내면 아무리 바쁜 벌과 나비라도 그냥 지나칠 수 없지요. 이 꽃 저 꽃 날아다니면서 꽃가루를 옮겨 준답니다. 그러니까 벌과 나비는 꽃들을 결혼시키

는 중매쟁이라고 할 수 있어요. 장미, 백합, 무궁화 등은 바로 이와 같은 방법으로 수정을 합니다.

 그러나 모든 식물이 다 그렇지는 않답니다. 벼, 보리, 옥수수, 갈대 등은 바람에 의해 수분이 이루어집니다. 이런 식물들은 벌과 나비를 끌어들일 필요가 없기 때문에 꽃이 화려하지도 않고 향기가 진하지도 않답니다.

장미꽃은 왜 가시가 있을까?

> 우리나라 사람들이 가장 좋아한다는 장미의 꽃말은 '사랑', '정열'입니다. 꽃송이가 아름답고 향기도 진하기 때문이지요. 그런데 이렇게 아름다운 장미꽃에 왜 가시가 있을까요?

고대 그리스의 도시 코린트에는 아름답기로 유명한 로단테가 살고 있었습니다. 로단테는 수많은 남자들에게 고백을 받았지만, 그 누구에게도 마음을 주지 않았어요.

거듭되는 고백에 질린 로단테는 남자들을 피해 아르테미스의 신전으로 도망을 갔지만, 로단테의 아름다움에 눈이 먼 남자들이 그녀를 새로운 여신으로 모시기 시작했어요. 이에 아르테미스의 쌍둥이인 아폴론이 분노하며 로단테는 장미 나무로, 그녀를 쫓아다니던 남자들은 파리, 나비, 벌레로 바꾸어 버렸답니다. 장미 나무로 변한 로단테는 남자들을 막기 위해 온몸에 가시를 세웠다고 하지요.

장미 가시와 선인장 가시의 차이점

장미 가시는 줄기가 변한 것이에요.

선인장 가시는 잎이 변한 것이랍니다.

　실제로 장미의 가시는 해충의 피해를 막기 위한 것입니다. 식물에 기생하는 해충은 아래에서 위로 올라와 해를 입힙니다. 이런 해충으로부터 스스로를 보호하기 위해 줄기가 바늘 모양으로 바뀐 것이지요.

　그런데 장미 가시와 선인장 가시는 어떻게 다를까요? 선인장은 사막과 같이 건조한 곳에서 살기 때문에 흡수한 물을 잘 저장해야 합니다. 그런데 다른 식물처럼 잎이 넓적하면 수분이 많이 방출되지요. 원래 식물의 잎은 수분을 밖으로 내보내는 일을 하거든요. 이것을 막기 위해 선인장의 잎은 가시로 변한 것이랍니다.

가시가 없는 꽃이라도 함부로 꺾으면 안 돼요!

그건 왜 꺾는데?

저건 장작이야.

숲속에서는 왜 기분이 상쾌해질까?

무더운 여름날 숲속에 한번 들어가 보세요. 아마 머릿속이 맑아지면서 막혔던 가슴이 뻥 뚫리는 기분일 겁니다. 도대체 왜 숲속에 가면 기분이 상쾌해질까요?

숲속에 있을 때 기분이 좋아지는 이유는 나무에서 나오는 물질 때문입니다. 이것을 '피톤치드'라고 하지요.

나무들은 여러 가지 병균이나 곰팡이를 막기 위해 끊임없이 피톤치드를 내뿜습니다. 이것이 곰팡이에게는 독가스가 되지만 사람에게는 약이 된답니다. 사람에게 해로운 병균을 죽이니까요. 그래서 나무가 우거진 숲속은 병원 무균실처럼 세균이 없답니다. 우리나라에도 산림욕장이 많이 있는데, 신선한 공기를 마시면 피가 맑아지고 몸도 가뿐해지기 때문에 사람들이 많이 찾는 것이지요.

그러면 피톤치드는 언제 어디서 많이 나올까요?

　피톤치드는 햇빛이 많고 온도와 습도가 높을 때 많이 나옵니다. 특히 초여름부터 가을 사이에 발산되는 양은 겨울철의 5~10배나 되지요. 그래서 맑은 날 산에 오르면 더욱 상쾌해지는 것입니다. 그리고 피톤치드는 소나무나 전나무, 잣나무 등 침엽수에서 많이 나온답니다.

　추석날 송편을 만들 때 솔잎을 깔아 두는 데도 다 이유가 있습니다. 솔잎이 내뿜는 피톤치드가 천연 방부제 역할을 하면서 송편에서 세균이 자라지 못하게 만든답니다. 우리 조상들의 지혜가 얼마나 깊은지 알 수 있겠지요?

나무의 나이테는 어떻게 생길까?

나무도 나이를 먹습니다. 한 살 한 살 먹을 때마다 동그라미를 그려 표시까지 하면서요. 이것을 '나이테'라고 하는데, 나무는 어떻게 나이테를 만들까요?

나무가 가장 많이 자라는 계절은 온도도 높고 비도 많이 내리는 봄부터 여름까지입니다. 이때 만들어지는 세포는 크고 얇습니다. 부드럽고 색깔도 연하지요. 반대로 성장을 거의 멈추는 가을부터 겨울까지는 세포가 작고 두꺼운 대신 단단하고 색깔도 진하지요. 이렇게 연하고 진한 부분이 반복되면서 경계가 생긴 것이 바로 나이테입니다. 이 나이테의 수를 세면 나무의 나이가 몇 살인지 알 수 있겠지요? 대부분은 나무가 클수록 나이도 많이 먹은 것입니다.

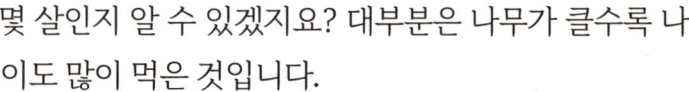

같은 종류의 나무라도 나이테의 너비는 다릅니다. 어린 나무일수록 잘 자라서 너비가 넓고, 나이가 많은 나무일수록 좁아지지요.

또 나무가 자라던 당시 내린 비의 양 등 기후에 따라서도 달라져요. 그래서 나이테를 잘 살펴보면 옛날의 기후나 환경 등을 엿볼 수 있답니다.

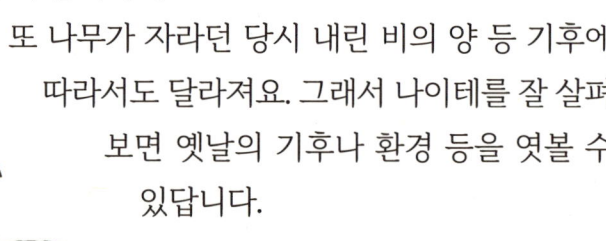

상록수는 어떻게 항상 푸르를까?

'늘푸른나무'라는 말이 있습니다. 여름이나 겨울이나 사계절 내내 항상 푸르다는 말이지요. 이와 같이 늘푸른나무들을 '상록수'라고 하는데, 상록수는 어떻게 항상 푸를 수 있을까요?

　가을이 되면 초록빛이던 나뭇잎들이 빨갛고 노랗게 물이 듭니다. 잎사귀에 있던 엽록소가 없어지기 때문이에요. 이렇게 잎이 지는 나무를 낙엽수라고 합니다.
　그러나 소나무, 전나무, 사철나무, 동백나무 등과 같은 상록수는 겨울이 되어도 계속 푸른색을 띠고 있습니다. 어떻게 그럴 수 있을까요?
　상록수는 겨울에 추위를 견디기 위하여 잎 속에서 '리놀렌산'이라는 물질을 만듭니다. 가을이 되면 이 리놀렌산이 솜처럼 포슬포슬 펴진답니다. 이렇게 하면 바람과 추위를 막을 수 있지요. 그러니까 상록수는 월동 준비로 나뭇잎을 떨어뜨리는 대신 솜이불을 마련하는 셈입니다.

아무리 추워도 끄떡없는 리놀렌산 솜이불을요.
그럼 상록수는 낙엽이 전혀 지지 않을까요?
상록수라고 낙엽이 지지 않는 건 아니에요. 1년에 걸쳐 조금씩 지는데 우리 눈에 잘 띄지 않기 때문에 낙엽이 지지 않는 것처럼 보일 뿐이랍니다. 그런데다가 상록수의 잎은 낙엽수의 잎에 비해 수명이 깁니다. 소나무 잎의 수명은 2년이나 되지요. 이렇게 상록수는 새잎이 나면서 묵은잎이 조금씩 떨어지기 때문에 늘 푸르게 보이는 것이에요.

자연현상 Environment

우리가 알지 못하는 사이에 자연에서는 끊임없이 신기한 일들이 일어나고 있습니다.
지금도 지구는 계속해서 돌고 있고, 별은 쉼 없이 반짝입니다.
또 어디에선가 화산 폭발이 일어나고, 천둥이 치고 있을 거예요.
우리를 둘러싼 자연 속에서는 대체 무슨 일이 일어나고 있는 걸까요?

저녁노을은 왜 빨갛게 보일까?

노을 지는 저녁, 언덕에 앉아 하늘을 본다고 생각해 보세요. 빨갛게 물드는 광경은 언제 보아도 아름답지요. 그런데 저녁노을은 왜 빨갛게 보일까요?

햇빛을 프리즘에 통과시키면 빨강, 주황, 노랑, 초록, 파랑, 남색, 보라의 색깔로 예쁘게 나누어집니다. 이것은 햇빛에 여러 가지 색깔이 섞여 있다는 것을 뜻하지요. 이 빛 중에서 빨간색에 가까운 것일수록 멀리까지 가는데, 이것을 파장이 길다고 합니다. 반대로 보라색에 가까울수록 멀리 가지 못해서 파장이 짧다고 하지요.

햇빛은 대기권을 통과할 때 먼지나 수증기 등에 반사되거나 흡수되면서 흩어집니다. 이때 파장이 긴 빨간색은 부딪치지 않고 잘 통과합니다. 반대로 파장이 짧은 파란색이나 보라색은 잘 부딪치지요.

그런데 저녁이 되면, 태양과 지구 사이의 거리가 조금 멀어집니다. 햇빛이 지구까지 오는 거리도 그만큼 멀어지지요. 따라서 파장이 짧은 파란색은 지구에 도착하기 전에 먼지나 수증기에 흡수되어 버립니다. 반대로 파장이 긴 빨간색은 지구까지 와 닿습니다. 그래서 저녁에는 빨갛고 예쁜 저녁노을이 지는 거랍니다.

천둥은 왜 치는 걸까?

비가 올 때 하늘이 번쩍! 하는 걸 본 적이 있나요? 우르르 꽝! 천둥 소리도 울리지요. 무시무시한 빛과 소리를 내는 천둥이 치면 하늘이 다 무너질 것 같습니다. 도대체 천둥은 왜 치는 걸까요?

 겨울철에 스웨터를 벗으면 탁탁 틸 때가 있습니다. 스웨터가 다른 옷과 마찰을 일으켜 생긴 정전기 때문이에요. 천둥은 이러한 정전기가 엄청 크게 발생한 것이랍니다.
 낮 동안에 태양열로 데워진 공기는 하늘로 올라가 구름이 됩니다. 이 구름 안에는 작은 얼음 알갱이들이 있어서 이것들이 서로 부딪치면 정전기가 만들어집니다. 이때 양전기를 띤 알갱이는 위로 올라가고, 음전기를 띤 알갱이는 아래에 모이게 됩니다. 그러다가 구름 속에 전기가 가득 채워지면 땅으로 내려와 꽂히게 되는데, 이것이 바로 천둥입니다.
 이때 주위의 공기는 10,000℃ 정도로 뜨거워지고 급격히 팽창하게 됩니다. 이 팽창하는 소리가 바로 천둥 소리랍니다.
 "우아, 너무 뜨거워!" 이 소리가 우리한테는 '우르릉 꽝!'으로 들리는 것이지요.

태풍은 어디서 생기는 걸까?

> 해마다 여름이 되면 태풍 때문에 많은 사람들이 다치고 시설물이 파괴됩니다. 배가 침몰하고 나무가 뿌리째 뽑히기도 하지요. 도대체 태풍은 어디서 어떻게 생기는 걸까요?

 태풍은 적도 가까운 곳의 무더운 열대 바다에서 시작됩니다. 열대의 바닷물은 뜨거운 햇빛에 증발하여 구름이 됩니다. 이 증발한 바닷물이 모인 커다란 구름대는 지구가 도는 힘에 의해 소용돌이치다가 위로 솟구치는데, 이 과정에서 바람도 세게 불기 시작합니다. 이것을 '열대성 저기압'이라고 하지요.
 전 세계적으로 1년에 생기는 열대성 저기압은 약 80~100개 정도이고, 반 이상이 주로 태평양에서 생긴답니다. 그중 우리나라와 가까운 북태평양에서 발생하는 열대성 저기압을 '태풍'이라고 합니다.
 태풍은 주로 북태평양 적도 부근에서 시작되어 빠른 속도로 북동쪽을 향해 이동합니다. 그러다가 점점 범위를 넓혀서 힘을 키운답니다. 이때는 폭풍우를 몰

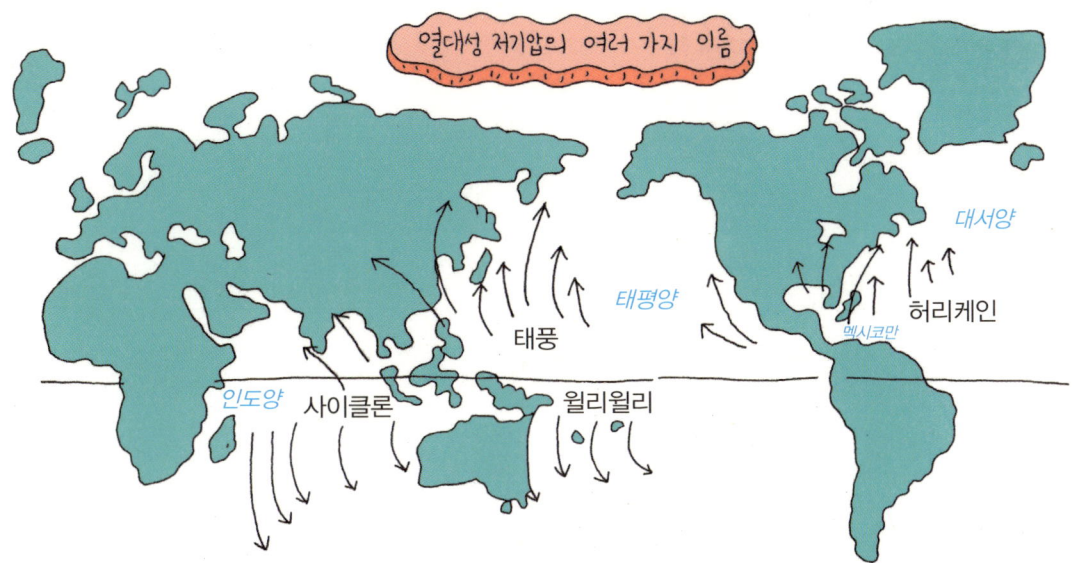

고 오는 것이 보통이라서 필리핀, 중국, 우리나라, 일본 등이 많은 피해를 입지요. 그러나 제아무리 센 태풍이라도 전성기가 지난 다음에는 점점 쇠약해지다가 이윽고 소멸하고 만답니다.

 태풍과 같은 열대성 저기압은 세계 곳곳에서 생깁니다. 발생된 지역에 따라 이름을 다르게 부르는데, 남태평양에서는 '윌리윌리', 북대서양에서는 '허리케인', 인도양에서는 '사이클론'이라고 하지요.

바닷물은 왜 짤까?

아무리 물이 부족해도 바닷물로 농사를 짓거나 먹는 물로 쓸 수는 없습니다. 짜기 때문이지요. 도대체 강물이 모여서 이루어진 바닷물이 왜 짤까요?

바닷물에는 짠맛을 내는 여러 가지 물질이 녹아 있습니다. 이것을 '염분'이라고 하는데, 보통 바닷물 1kg 속에 35g 정도가 녹아 있답니다. 염분을 구성하고 있는 물질 중에는 염소가 가장 많으며 그 다음은 나트륨입니다. 이 염소와 나트륨이 결합된 것이 염화나트륨, 즉 소금이지요.

그렇다면 이 염분들은 어디에서 온 것일까요? 옛날 이야기에서처럼 욕심쟁이가 바닷속에 떨어뜨린 요술 맷돌에서 나오는 걸까요?

바닷물 속의 염분은 바다가 생길 때 지구의 표면이 침식되어 생긴 것입니다. 이는 오랜 세월

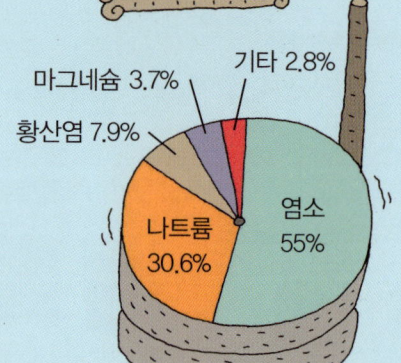

바닷물 속 염분의 구성 성분
- 염소 55%
- 나트륨 30.6%
- 황산염 7.9%
- 마그네슘 3.7%
- 기타 2.8%

동안 여러 가지 물질이 녹으면서 강물을 따라 바다로 운반되었다는 말이지요. 그중에서도 가장 많은 것이 염분이었습니다. 비나 바람에 의해 바위 등이 부서지면서 나트륨 성분이 녹아들었고, 해저 화산이 폭발하면서 나온 화산 가스에서 다량의 염소가 바다로 스며든 것이지요.

 지중해나 홍해처럼 육지로 둘러싸인 바다는 큰 바다보다 더 많은 염분을 지니고 있습니다. 물고기가 살 수 없을 정도로 짠 바다도 있지요. 이스라엘에 위치한 사해에는 약 605km^2 밖에 안 되는 면적에 일반적인 바다의 6배가 넘는 염분이 있어서 물고기조차 살 수 없답니다. 이곳에서는 수영을 전혀 못 하는 사람도 물 위에 둥둥 떠서 책을 읽을 수 있지요.

바다는 왜 얼지 않을까?

날씨가 아주 추워지면 개울이나 호수는 물론 강물까지 꽁꽁 얼어붙습니다. 자연이 만들어 준 스케이트장이 생기는 셈이지요. 그러나 바다는 쉽게 얼지 않습니다. 왜 그럴까요?

물은 0℃가 되면 얼기 시작해 얼음이 됩니다. 그런데 바닷물에는 염분 등 다른 물질이 들어 있어서 그보다 더 추운 영하 1.91℃가 되어야 얼기 시작합니다. 그런데 기온이 영하 10℃까지 내려가도 서해나 동해가 얼었다는 소리는 들어 본 적이 없습니다. 왜 그럴까요?

물은 온도에 따라 무게가 달라지는데, 약 4℃일 때 가장 무겁다고 합니다. 더 추워지면 가벼워지고요. 즉 높은 온도에서 4℃를 향해 내려갈 때는 점점 무거워지다가, 4℃보다 더 추워지면 다시 가벼워지는 것입니다.

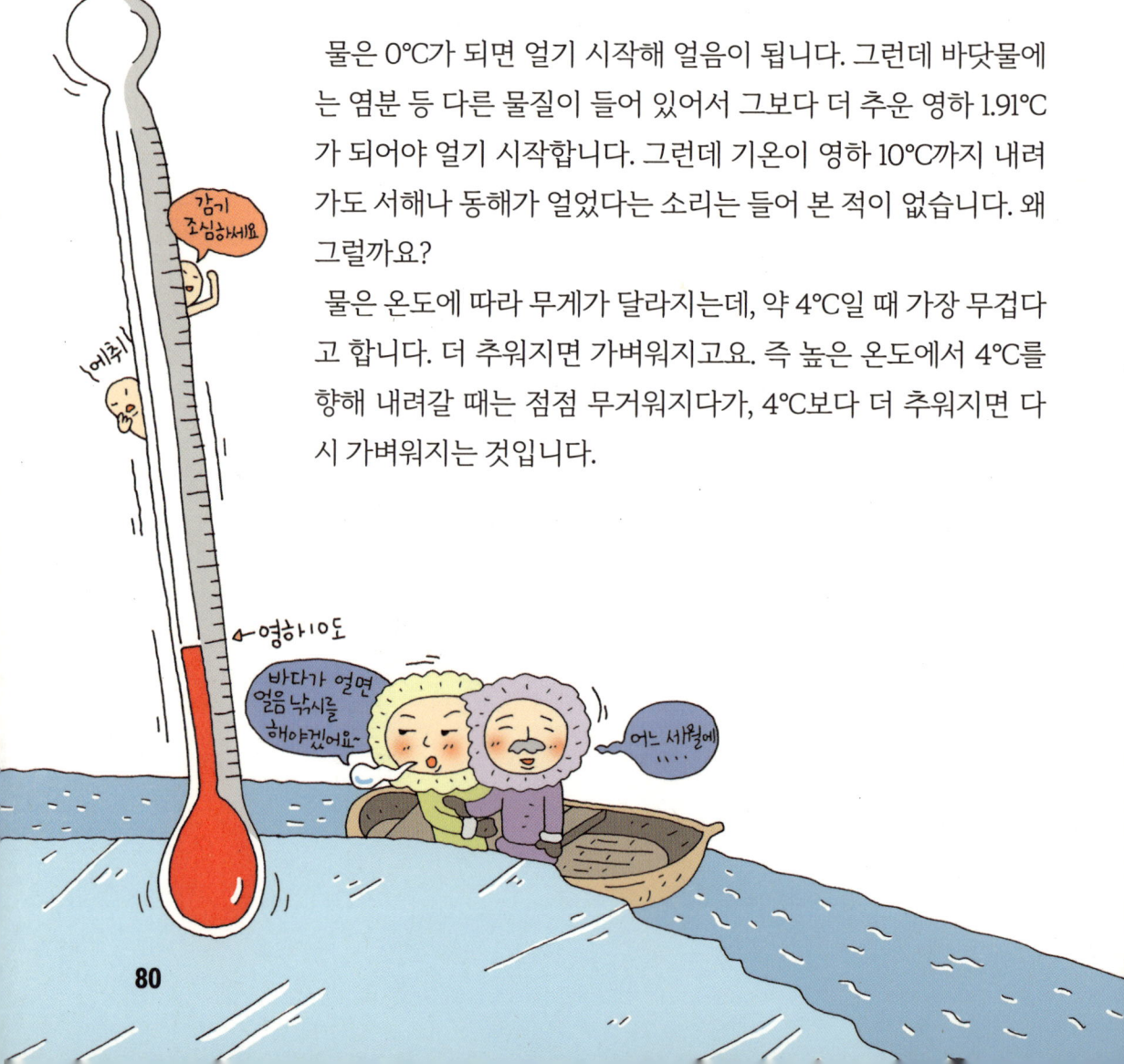

겨울철에 날씨가 추워지면 호수나 강물의 표면 온도도 내려갑니다. 따라서 무거워진 물은 밑으로 가라앉고, 밑에 있는 물은 위로 떠오르겠지요. 이런 식으로 4℃를 기준으로 호수나 강 전체는 계속 움직인답니다.

그런데 표면의 온도가 4℃ 아래로 떨어지면 오히려 밑의 물보다 가벼워져서 그대로 있게 됩니다. 그러다가 0℃로 내려가면 얼기 시작하는 것이지요. 그래서 호수나 강은 항상 위쪽부터 어는 것이랍니다.

이와 같은 식으로 바닷물도 수온이 4℃에 이르면 더 이상 움직이지 않고, 영하 1.91℃로 내려가야 얼기 시작합니다. 그러나 바다는 엄청나게 넓고 계속해서 파도가 치며 움직이기 때문에 바닷물이 어는 것을 방해해요. 그러다 보니 영하 1.91℃로 내려가기 전에 봄이 와 버리고 말지요.

그럼 모든 바다가 절대 얼지 않느냐고요? 아니에요. 아주 추운 곳은 바닷물이 얼어붙으며 얼음이 생기기도 한답니다. 러시아의 블라디보스토크 항구는 11월부터 다음 해 3월까지 얼어붙는다고 하지요.

화산 폭발은 왜 일어날까?

화산은 산꼭대기에서 무시무시한 폭발 소리와 함께 불덩이가 솟아오르는 장소나 폭발로 생긴 지형을 말합니다. 순식간에 뜨거운 용암이 흘러내려 주변의 집과 나무들을 삼켜 버리지요. 화산은 왜 폭발하는 걸까요?

지각(지구의 껍질)은 여러 개의 조각판으로 이루어져 있습니다. 유라시아판, 아프리카판, 태평양판 등 큰 판과 몇 개의 작은 판이 있지요. 이 조각판들은 오랜 세월을 거치면서 조금씩 이동합니다. "저리 비켜!", "네가 비켜!" 조각판들이 서로 이렇게 밀고 밀리다 보면 꽝! 하면서 서로 부딪치는 일이 가끔 생긴답니다.

조각판이 서로 부딪치면 어떤 것은 위로 올라가고, 어떤 것은 아래로 들어가겠지요. 이때 지표면에 금이 가면 지진이 일어납니다. 그리고 땅속 깊은 곳에 있던 마그마(뜨거운 바윗물)가 벌어진 틈을 통해 밖으로 뿜어져 나오면 화산이 만들어집니다.

　화산이 폭발하면 가스와 함께 화산재, 돌 부스러기, 용암 등이 터져 나옵니다. 근처에 사람이 살고 있다면 무척 위험하겠지요. 그렇지만 활동을 멈춘 화산은 일본의 후지산처럼 좋은 관광 자원이 되기도 합니다.

　지금도 화산 활동이 일어나고 있는 산을 '활화산', 과거에는 활동했으나 지금은 멈춘 산을 '휴화산', 아예 활동을 멈춘 산을 '사화산'이라고 한답니다. 우리나라의 백두산과 한라산은 휴화산으로, 백두산은 조선 시대에, 한라산은 고려 시대에 폭발한 기록이 있지요.

지구가 도는 것을 왜 느끼지 못할까?

> 우리가 살고 있는 지구는 지축을 중심으로 스스로 돌면서 또 태양의 주위를 돌고 있습니다. 그런데 우리는 왜 지구가 돌고 있다는 것을 전혀 느끼지 못할까요?

아주 먼 옛날 사람들은 지구가 도는 것이 아니라, 태양이 지구 주위를 돌고 있다고 생각했습니다. 이것을 하늘이 지구를 중심으로 돈다고 믿는 '천동설'이지요. 16세기 코페르니쿠스라는 과학자는 지구가 태양을 중심으로 돌고 있다는 '지동설'을 주장했지만 아무도 믿지 않았답니다. 그 후, 갈릴레이가 코페르니쿠스의 지동설을 증명해 냈어도 사람들은 받아들이지 않았지요. 지구가 빙글빙글 돈다면 땅 위에 사는 사람들이 그걸 느껴야 한다고 생각했으니까요.

지구가 돌고 있더라도 짧은 시간으로 보면 거의 직선으로 움직인 것이나 다름없습니다. 워낙 크기 때문이지요. 그리고 지구에는 중심에서 모든 것을 끌어당기는 힘이 있는데 이것을 '중력'이라고 합니다. 건물이든, 사람이든, 나무든, 구름이든 중력에 꼭 붙들린 채로 일정한 속도로 움직이고 있어서 도는 것을 느낄 수 없는 것입니다.

갈릴레오 갈릴레이 (1564~1642)

모든 천체는 지구를 중심으로 돈다는 '천동설'에 맞서 지구가 태양을 돌고 있는 것이라는 '지동설'을 증명해 낸 이탈리아의 과학자.

운석은 어디에서 떨어지는 걸까?

우주에는 돌멩이와 바위 등 여러 가지 물질이 떠다니고 있습니다. 이들 중에서 지구에 떨어진 것을 운석이라고 하지요. 운석은 정확하게 어디에서 떨어지는 걸까요?

화성과 목성 사이에는 작은 별들이 수없이 많이 모여 있는 소혹성대가 있습니다. 이 소혹성들도 다른 행성과 마찬가지로 태양의 주위를 돌고 있지요. 그러다 보니 지구와 아주 가까워질 때가 있습니다. 바로 이때 지구에 운석이 떨어지는 것입니다.

대부분의 운석은 떨어지는 동안 공기와의 마찰로 불이 붙습니다. 그런데 안은 차갑기 때문에 산산조각이 나지요. 차가운 유리컵에 뜨거운 물을 담으면 깨지는 것과 같은 이치예요.

이렇게 운석은 지구까지 오는 도중에 다 타 버려서 실제로 지구에 직접 떨어지는 경우는 그리 많지 않답니다. 하지만 2013년, 러시아 우랄산맥 인근에서 운석이 폭발하며 공장이 무너지고 집이 파손되는 사고가 발생해서 모두를 놀라게 만든 적도 있어요.

만약 지구에 커다란 운석이 떨어진다면 어떻게 될까요?

대폭발로 인해 먼지와 티끌이 햇빛을 가릴 것입니다. 그렇게 되면 기온이 내려가서 생물들이 살기 어렵게 되지요. 6,600만 년 전에 공룡이 사라진 것도 큰 운석이 떨어졌기 때문이라는 주장이 있습니다. 지름이 10km나 되는 운석이었다고 하지요. 운석의 파괴력은 제2차 세계 대전 당시 일본의 히로시마에 떨어진 원자폭탄의 100억 배나 되었다고 하니 그 운석의 폭발력이 어느 정도였을지 상상이 가나요?

별은 왜 반짝일까?

"반짝반짝 작은 별, 아름답게 비치네~." 맑은 날 밤, 하늘을 올려다보며 이런 노래를 부른 적이 있나요? 공기가 좋은 시골에 가면 유난히 반짝이는 별을 볼 수 있답니다. 그런데 별은 왜 반짝일까요?

별들은 태양처럼 스스로 빛을 냅니다. 다만 지구에서 멀리 떨어져 있기 때문에 그 빛이 약하게 보일 뿐이지요.

별빛은 우리 눈에 오기까지 그 모양이 많이 달라집니다. 대기 중에는 많은 공기가 있는데, 땅에서 반사되는 열에 의해 공기가 뜨거워지면 차가운 공기와 섞이면서 끊임없이 움직이게 된답니다. 이렇게 움직이는 공기에 부딪쳐 별의 빛도 끊임없이 다른 모양으로 꺾이게 됩니다. 이것이 우리 눈에는 반짝이는 것처

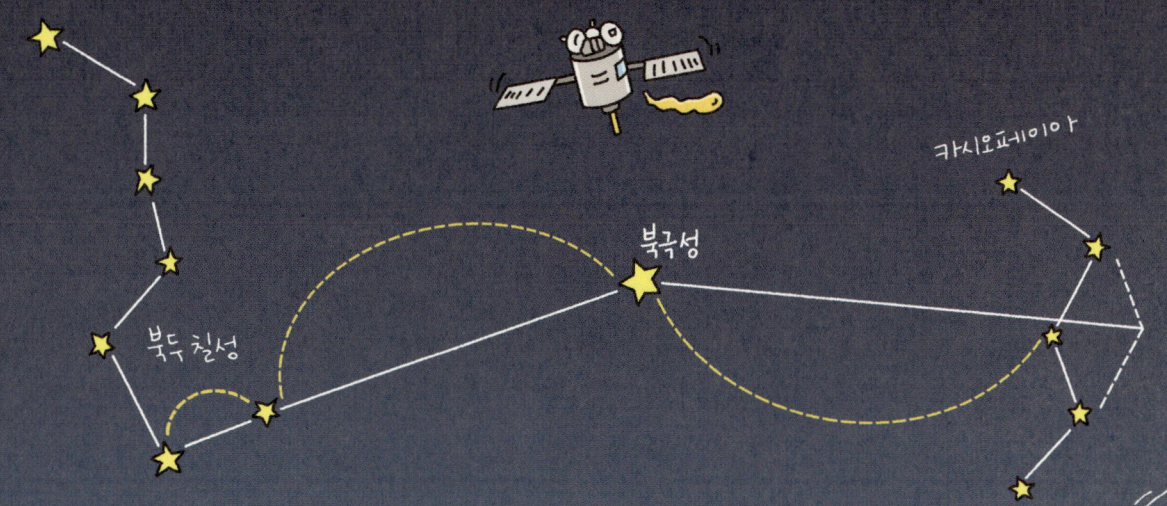

럼 보이는 것이지요. 미국의 한 대학교에서는 별빛의 파동을 음파로 바꾸어 노래로 만들기도 했답니다.

그럼 우주에는 얼마나 많은 별이 있을까요?

우리 은하계에 있는 별만 해도 무려 1,000억에서 4,000억 개로 예상합니다. 그런데 우주에는 우리 은하계 말고도 수천억 개의 은하계가 더 있습니다. 따라서 우주에 있는 별의 수는 상상할 수조차 없지요. 이 중에서 우리가 눈으로 볼 수 있는 별은 겨우 6,000개 정도라고 하네요.

화성에도 생명체가 있을까?

> 화성은 지구와 환경이 아주 비슷한 행성입니다. 그래서 옛날부터 화성에도 생명체가 있을 거라고 생각했지요. 과연 화성에도 생명체가 살고 있을까요?

 1900년대 초 몇몇 과학자들은 화성에 도시가 있으며, 도시 사이에는 운하도 있다고 주장했습니다. 심지어는 화성인들이 지구를 공격할지도 모른다고 했습니다. 허버트 조지 웰스가 쓴 공상 과학 소설 『우주전쟁』의 영향으로 사람들은 문어 모양의 화성인들이 살고 있을 거라고 믿게 되었지요.
 그러다가 1975년, 미국 항공 우주국인 나사에서 우주 탐사선 바이킹 1호와 2호를 화성에 보냈습니다. 바이킹 1호와 2호는 화성에서 생명체를 찾기 위한 여러 가지 실험을 했지만, 화성인은커녕 미생물의 흔적조차 발견하지 못했지요.
 1996년, 나사는 또다시 패스파인더호를 화성에 보냈습니다. 패스파인더호는 '소저너'라는 탐사 차를 내려서 화성 이곳저곳의 사진을 찍고 토양을 분석했지

요. 그러나 이번에도 생명체의 흔적을 찾는 일에는 실패하고 말았답니다.

 그리고 2021년 2월, 화성에 착륙한 탐사 차인 퍼서비어런스가 일부 암석에서 유기 화학 물질을 발견하여 전 세계 과학자를 놀라게 만들었답니다.

 새로운 발견에 많은 사람들이 화성에서 사람이 살 수 있을지도 모른다는 기대를 품고 있지만, 과연 화성은 사람이 살 수 있는 곳일까요?

 화성의 기온은 지구보다 훨씬 낮습니다. 그나마 공기가 있기는 하지만 대부분 이산화탄소랍니다. 또 대기에 포함된 오존의 양이 적기 때문에 자외선이 그대로 쏟아집니다. 그래서 지금 당장 사람이 살 수는 없는 곳이라고 볼 수 있어요. 하지만 앞으로 계속 되는 탐사에 어떤 놀라운 소식이 담겨 있을지 수많은 사람들이 기대하고 있답니다.

토성의 고리는 무엇으로 이루어져 있을까?

망원경으로 관찰할 수 있는 천체 중에서 가장 눈에 띄는 것은 토성입니다. 토성 주위를 돌고 있는 고리 때문이지요. 토성의 고리는 무엇으로 이루어져 있기에 이렇게 아름다울까요?

여러 개의 작은 고리를 가진 토성을 망원경으로 들여다보면 그 아름다운 모습에 반하지 않을 사람이 없을 것입니다. 우주의 신비로만 보이던 토성 고리의 정체는 1981년, 토성을 탐사하던 보이저 2호가 밝혀냈지요.

토성의 고리는 하나의 고리가 쭉 이어진 것처럼 보이지만 사실은 수많은 얼음 조각과 바위 덩어리가 모인 것입니다. 조각 하나는 각얼음처럼 몇 cm가 채 안 되는 것도 있고, 자동차 크기만한 것도 있지요.

토성의 고리는 그 폭이 지구와 달 사이의 거리만큼 넓습니다. 반면 두께는 10m 밖에 되지 않아서 옆에서 보면 마치 종이처럼 얇지요. 이 얼음과 바위 조각들은 1초에 약 20km를 갈 수 있는 속도로 토성의 둘레를 돌고 있습니다.

토성의 고리는 빛을 잘 반사할 수 있는 얼음으로 이루어져 있기 때문에 다른 행성의 고리보다 훨씬 더 아름답게 보이는 것입니다. 목성과 천왕성, 해왕성도 토성과 같은 고리가 있지만 토성의 고리처럼 밝고 아름답지는 않답니다.
토성의 고리가 어떻게 만들어졌는지는 아직 분명하게 밝혀지지 않았습니다. 다만 위성들이 토성에 접근했다가 산산이 부서져서 생긴 것이라고 추측하고 있지요.

건전지는 왜 따로 버려야 할까요?

> 건전지는 장난감이나 리모컨, 시계 등 전기 제품에 두루 사용되고 있습니다. 따라서 많이 만들고 많이 버리지요. 그런데 분리수거를 할 때 보면 건전지는 따로 버리라고 표시되어 있어요. 건전지는 왜 다른 쓰레기와 같이 버리면 안 될까요?

19세기 유럽에는 손을 떨며 횡설수설하는 모자 장수가 많았어요. 그러나 당시에는 모자 장수들이 왜 그런지 몰랐답니다. 어쩌다 집단으로 미쳐 버린 줄만 알았지요. 이 사건 때문에 '미친 모자 장수'라는 영어 표현이 생겼는데, <이상한 나라의 앨리스>에 나오는 이상한 모자 장수는 이 말에서 따온 인물이에요. 그 후, 모자의 가죽을 부드럽게 만드는 수은이 원인이라는 것이 밝혀지면서 그 위험성이 알려지게 되었지요.

그런데 이렇게 위험한 수은이 건전지에 많이 들어 있답니다. 건전지뿐만 아니라 형광등, 온도계에도 수은이 많이 들어 있지요.

　우리나라에서 한 해 발생하는 생활 폐기물 중, 폐건전지가 5,000여 개 정도 됩니다. 기업이나 공공 기관에서 사용하는 것까지 포함하면 훨씬 많겠지요.
　그런데 따로 버리지 않고 그대로 쓰레기통에 버려지는 것이 많답니다. 건전지를 다른 쓰레기들과 함께 버리면 수은, 카드뮴, 납 같은 인체에 해를 입히는 중금속이 새어 나와 토양이나 하천, 지하수 등을 오염시킵니다. 이런 중금속은 소화기나 호흡기를 통해 우리 몸 안에 한번 들어오면 절대로 빠져나가지 않고 계속 쌓이지요. 심하면 신경 계통에 이상을 일으켜 목숨을 잃을 수도 있습니다.
　다 쓴 건전지를 따로 모아 건전지 수거함에 버리는 일은 깨끗한 환경을 만드는 아주 작은 실천이랍니다.

산성비가 뭘까?

> 옛날에는 빗물을 식수로 쓰기도 했습니다. 요즘에는 볼 수 없는 일이지요. 비가 산성화되어서 그렇다는데, 도대체 산성비는 무엇이고 왜 내리는 걸까요?

　화력 발전소에서 전기를 일으키거나 공장에서 물건을 만들려면 석유나 석탄이 필요합니다. 이러한 연료에는 황 성분이 들어 있어서 태우고 나면 아황산가스가 배출됩니다. 또 휘발유를 쓰는 자동차나 비행기에 쓰이는 연료에서는 질소 산화물이 나오지요.
　이 아황산가스와 질소 산화물이 대기 중에 있는 수증기나 햇빛 등과 만나면 황산이나 질산으로 변하는데, 이것이 비에 섞여 내리는 것이 바로 '산성비'입니다.
　산성비는 맛과 냄새가 없어 구별하기가 쉽지 않습니다. 또 처음에는 나쁜 영향이 거의 나타나지 않다가 천천히 피해가 나타나서 한참 후에나 알 수 있지요.

산성비가 많이 내리면 환경 변화에 민감한 호수나 늪에 사는 물고기들이 나쁜 영향을 받고, 때로 죽기도 합니다. 또 흙 속의 영양분이 녹아내려 어린싹이 영양분을 흡수하지 못해 자라지 못하기도 하지요. 사람도 예외는 아니라서, 산성비를 계속해서 맞으면 두피가 상해 머리카락이 빠질 수 있습니다. 산성비가 물을 오염시키면 그 물을 마신 사람은 무서운 병에 걸릴 수도 있지요.

이 밖에도 산성비는 건물을 부식시키고 쇠붙이들을 산화시켜 쉽게 녹이 슬게 합니다. 그래서 자동차와 기계도 빨리 낡게 만든답니다.

그래서 전 세계적으로 석유와 석탄의 사용을 줄이기 위해 노력 중인 것이지요.

지구 온난화가 뭘까?

환경 오염으로 인해 대기 중에 이산화탄소가 많아지면서 지구의 기온이 자꾸 올라가고 있습니다. 그런데 지구가 따뜻해지면 어떤 일이 일어나서 문제가 되는 걸까요?

지구는 태양으로부터 빛을 받아들이고 그만큼의 에너지를 내보내서 일정한 온도를 유지하고 있습니다. 그런데 구름이나 대기 중에 있는 이산화탄소에 의해 방해를 받아 에너지를 내보내지 못하면 지구는 점점 따뜻해져 갈 것입니다. 이것을 '지구 온난화'라고 하지요.

이산화탄소는 석유, 석탄 같은 화석 연료를 쓸 때 나오는데, 인구가 급격하게 늘어나고 개발이 많이 이루어지면서 점점 증가하고 있습니다. 이산화탄소는 오존층도 파괴합니다. 오존층이 줄어들면 태양에서 나오는 자외선을 막지 못해 대기의 온도를 높이는 결과를 낳지요. 그래서 이산화탄소를 '온실가스'라고 하고, 이 온실가스가 비닐하우스의 비닐 막과 같은 역할을 하는 것을 '온실 효과'라고 한답니다.

　지구가 따뜻해지면 남극과 북극에 있는 거대한 얼음이 녹아 지구 전체의 해수면이 높아집니다. 실제로 우리나라의 해수면이 지난 30년 동안 무려 9.1cm나 높아졌다고 합니다. 해수면이 계속 높아지면 해안 지방의 많은 도시들이 물에 잠겨 버릴 수도 있지요.

　과학자들은 2100년에는 지구의 평균 온도가 지금보다 4.4℃ 정도 높아질 것으로 보고 있습니다. 그렇게 되면 강수량이 늘어나고 해수면도 지금보다 3m에서 6m쯤 올라갈 것이라고 합니다.

　그래서 환경을 파괴하지 않는 친환경 에너지를 개발하고 사용하는 일이 중요해요. 전기 버스를 이용하거나 자전거를 타는 것도 환경을 보호하는 데 도움이 된답니다.

환경 호르몬이 뭘까?

호르몬은 몸속에서 만들어지는 화학 물질을 말합니다. 이것은 심장이나 위, 뇌 등의 기관에 명령을 전달하고 각 기관이 제대로 작동하게 만드는 역할을 하지요. 그런데 환경 호르몬은 뭘까요?

환경 호르몬은 지구 온난화에 따른 기후 변화, 생물 다양성 손실 등과 함께 다뤄지는 중대한 환경 문제 중의 하나입니다. 산업이 발달하며 우리의 삶을 편안하게 만들어 준 제품들 중 우리 몸을 해치는 것들이 있다는 것을 예전에는 미처 몰랐지요.

환경 호르몬은 산업 활동으로 생성되는 화학 물질을 말해요. 쓰레기를 태우거나 농약을 쓸 때, 혹은 플라스틱을 제조할 때 발생합니다. 사람뿐만 아니라 생태계 전체에 영향을 미치기 때문에 전 세계에서 관심을 갖고 지켜보는 문제 중 하나랍니다.

환경 호르몬이 몸에 흡수되면 어떻게 될까요? 우리 몸의 정상적인 작동을 방해하고 쉽게 분해

되어 없어지지 않습니다. 그렇기 때문에 특히 성장기 어린이의 발육과 발달에 나쁜 영향을 미친답니다. 최근에는 환경 호르몬이 몸에 많이 쌓이는 경우, 또래와는 다른 신체 변화를 겪거나 2차 성징이 빨리 나타날 수도 있다는 연구 결과도 확인되어 어린이들은 각별히 주의해야 합니다.

 환경 호르몬은 눈에 보이지 않고 적은 양으로도 영향을 줄 수 있기 때문에 어디에서 발생하는지를 아는 것이 중요해요. 우리가 입는 옷이나 책가방, 학용품, 장난감 등 일상에서 사용하는 다양한 물건부터 로션이나 샴푸 등에도 환경 호르몬이 포함되어 있습니다. 특히 플라스틱 제품을 사용하거나 인스턴트 식품을 먹을 때 조심해야 해요. 물건을 살 때는 안전성 검사 결과와 성분표를 꼼꼼하게 확인하고, 일회용품 대신 여러 번 사용할 수 있는 제품을 쓰는 것이 중요하겠지요?

일반 상식 Common sense

여러분은 일상에서 당연하다고 생각하는 것에 대해 궁금증을 가져 본 적이 있나요?
수세식 화장실은 언제부터 쓰게 되었는지, 올림픽은 언제 시작됐는지, 7월과 8월은 왜 모두 31일인지 등처럼 말이에요.
당연한 것으로 생각하고 지나친 것들 속에도 모두 이유가 숨어 있답니다.
생활 속 상식은 어떤 재미있는 이야기를 품고 있을까요?

시계 바늘은 왜 오른쪽으로만 돌까?

손목시계, 탁상시계, 벽시계 등 시계는 어디에 두느냐에 따라 여러 종류로 나누어집니다. 그러나 어느 시계이든 바늘이 오른쪽으로 도는 건 똑같습니다. 왜 시계 바늘은 항상 오른쪽으로만 돌까요?

사람들이 시계를 사용하기 시작한 것은 농사를 지으면서부터입니다. 여럿이 한 지역에 모여서 살아야 했기 때문에 정확한 시간을 알려 주는 시계가 필요했지요. 이때 사용한 시계는 해시계, 물시계, 모래시계 등 주로 자연을 이용한 것들이었어요. 그러다 기계가 개발되면서 지금과 같은 시계로 발전한 것이지요.

시계를 잘 보면 모든 바늘이 오른쪽으로 돌고 있는 걸 알 수 있습니다. 이것은 해시계의 원리와 관계가 깊답니다.

해시계를 처음으로 발명한 사람은 고대 이집트 사람들이에요. 이집트는 북반구에 자리 잡고 있는 나라인데, 북반구의 해시계는 지금의 시계와 같은 방향으로 돈답니다.

바닥에 막대기를 고정시켜 놓고 보면, 시간이 지남에 따라 막대기의 그림자가 왼쪽에서 오른쪽으로 돌거든요.

 이런 해시계를 사용하던 북반구 사람들이 기계 시계의 바늘도 해시계의 그림자처럼 오른쪽으로 돌게 한 것입니다. 만약에 시계가 남반구에서 발명되었다면 정반대 방향으로 바늘을 돌게 했겠지요.

 남반구 사람들은 억울하겠다고요? 그래도 할 수 없지요. 원래 발명은 초를 다투는 일이니까요.

수세식 화장실은 언제부터 사용했을까?

지금 우리가 쓰는 변기를 '수세식 변기'라고 해요. 물을 이용해 빠르게 오물을 흘려보내고, 냄새가 올라오지 못하도록 하는 장치가 달려 있지요. 이러한 수세식 화장실은 언제부터 사용했을까요?

수세식 화장실이 사용되기 시작한 것은 19세기부터입니다. 18세기 이전의 유럽 사람들은 요강에 대소변을 보고는 그대로 창문 밖으로 버렸습니다. 길거리를 가다가도 용변이 보고 싶으면 아무 데나 주저앉아 보곤 했다고 하지요. 그러다 보니 거리에는 온갖 오물이 넘쳐흘러 조심해서 다니지 않으면 금세 옷이 엉망이 되었습니다. 여자들이 하이힐을 신기 시작한 것은 이 때문이랍니다. 이와 같은 오물 구덩이의 유럽을 구한 것이 바로 수세식 화장실이에요.

수세식 화장실을 처음 만든 사람은 영국의 소설가 존 해링턴입니다. 물탱크가 위에 달린 나무 의

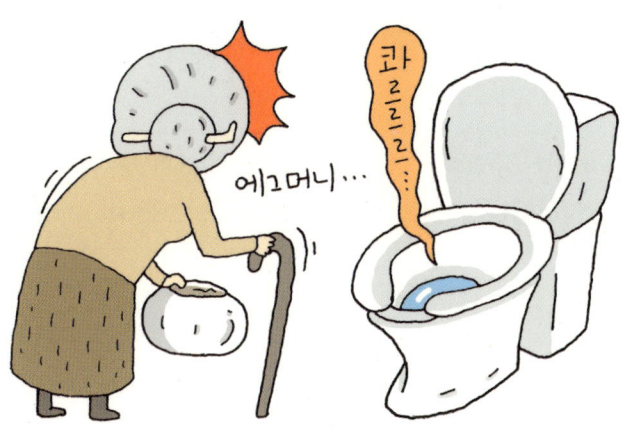

　자를 만든 것이지요. 그 후에 알렉산더 커밍이 구부린 파이프에 물을 저장해서 밑으로부터 올라오는 냄새를 해결하고, 토머스 크래퍼가 오늘날과 같은 수세식 화장실로 발전시켰답니다.
　그런데 이와 같은 현대식 화장실이 만들어지기 훨씬 전인 고대 로마 시대에도 수세식 화장실이 있었다고 합니다. 흐르는 물 위에 구멍 뚫은 판자를 걸쳐 놓고, 이 구멍에 용변을 보면 그대로 하수도로 흘러 내려가게 한 것이지요. 한꺼번에 60여 명이 들어갈 수 있는 공중화장실도 있었다고 하니 옛날 사람들도 참 똑똑했지요?

청바지는 어떻게 만들어졌을까?

청바지는 어린아이부터 나이 든 사람까지 누구나 즐겨 입는 옷입니다. 질기고 튼튼해서 오래 입을 수 있기 때문이지요. 이런 청바지는 어떻게 만들어진 걸까요?

    1850년대 미국에서는 많은 사람들이 금광을 찾아 지금의 캘리포니아 지역으로 모여들었습니다. 리바이 스트라우스라는 사람은 이들을 상대로 의류나 직물 장사를 하여 많은 돈을 벌었지요. 어느 날, 리바이는 엄청난 양의 천을 주문 받았습니다. 그는 큰돈을 벌 욕심에 빚까지 얻어 천을 만들었습니다. 그러나 완성된 천은 품질 검사에서 불합격 판정을 받았답니다.

    빚더미에 앉게 된 리바이는 실의에 찬 나날을 보내고 있었습니다. 그러던 어느 날, 해진 옷을 입은 한 광부가 그의 눈에 들어왔습니다.

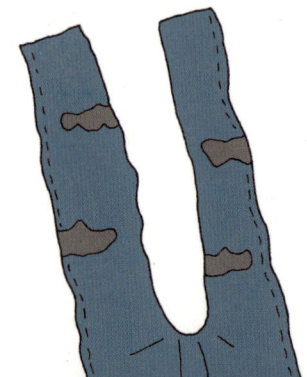

'광산 일을 하려면 좀 더 질기고, 튼튼한 옷을 입어야 할 텐데…….' 리바이는 이런 생각을 떠올리자마자 집으로 달려갔습니다. 그리고 창고에 쌓인 천으로 작업복을 만들기 시작했지요. 이렇게 해서 만들어진 것이 바로 '청바지'랍니다. 바지 회사의 <리바이스>라는 상표는 '리바이가 만든 바지'라는 뜻이지요.

그 뒤로 노동자들만 입었던 작업복이 산업화의 물결을 타고 도시에까지 퍼져 나갔습니다. 그러다가 1950년대 중반부터는 미국의 젊은이들이 청바지를 입기 시작했는데, 이것이 전 세계적으로 유행되어서 지금은 누구나 가지고 있는 옷이 되었답니다.

밸런타인데이는 어떻게 생겨났을까?

해마다 2월 14일이 되면 밸런타인데이라고 하여 사랑하는 사람끼리 초콜릿을 주고받습니다. 초콜릿을 주면서 사랑을 고백하는 것이지요. 그런데 밸런타인데이는 어떻게 생겨난 것일까요?

3세기경 로마 황제 클라우디우스 2세는 병사들의 결혼을 금지시켰습니다. 전쟁에 나서야 하는 군사들이 결혼을 하면 사기가 떨어진다는 이유에서였지요. 교회 주교인 발렌티누스는 황제의 명령이 잘못되었다고 생각하고 병사들의 결혼을 도와주었습니다. 이런 이유로 발렌티누스는 젊은이들에게 많은 찬사를 받게 되었지요. 그러자 클라우디우스 2세는 발렌티누스를 잡아들여 사형에 처했습니다. 그 후 로마의 젊은이들이 발렌티누스 주교를 기억하기 위해 그가 죽은 2월 14일을 기념일로 정했는데, 이것이 밸런타인데이의 유래가 되었답니다.

　이후 유럽에서는 밸런타인데이가 되면 서로의 행복을 바라며 평소 고마웠던 사람이나 연인에게 초콜릿이나 카드를 선물했습니다. 남자든 여자든 상관없이 정성이 담긴 선물을 주고받는 날인 것이지요.

　반면, 우리나라와 일본에서는 여자가 남자에게 고백하는 날로 알려져 있습니다. 초콜릿을 선물하면서 평소에 표현하기 어려운 마음을 용기를 내 고백하는 날인 것이지요. 그리고 남자가 여자에게 답례로 사탕을 전하는 날인 3월 14일은 화이트 데이로 알려져 있습니다. 그러나 화이트 데이는 일본 제과 업체에서 만든 행사가 우리나라로 전파된 것으로 다른 나라에는 없는 기념일이라고 하네요.

올림픽은 언제 시작됐을까?

"더 빨리, 더 높이, 더 힘차게, 다 함께"라는 표어를 내건 올림픽은 전 세계인이 즐기는 축제입니다. 우리나라에서는 화합과 전진을 주제로 1988년 서울 올림픽을 성공적으로 개최했지요. 올림픽은 과연 언제부터 시작됐을까요?

유난히 전쟁을 싫어했던 프랑스의 쿠베르탱 남작은 어느 날 고대 올림픽에 대한 기록을 보았습니다. 고대 그리스에서는 올림피아 제전이라는 축제가 열릴 때마다 전쟁을 멈추었다는 기록이었지요. 순간 그는 올림픽을 부활시켜 인류가 화합할 수 있는 계기를 마련해야겠다고 생각했습니다. 그러고는 여러 나라를 다니며 올림픽을 홍보했지요.

이에 힘입어 제1회 올림픽이 1896년 그리스에서 열렸습니다. 여기에서 쿠베르탱은 올림픽은 이기는 것보다 참가하는 데 의의가 있다고 강조했습니다.

이러한 올림픽의 정신은 '오륜기'에도 잘 나타나 있습니다. 오륜기에 그려진 다섯 개의 고리는 각 대륙을 나타냅니다. 고리가 서로 연결된 것은 모두 모여 평화롭게 활동하자는 뜻이지요.

월드컵 대회는 언제 시작됐을까?

4년마다 한 번씩 열리는 월드컵 축구 대회는 전 세계인의 축제입니다. 특히 2002년 대회에서 우리나라는 4강에 진출하는 쾌거를 이루며 우리 국민을 환희의 도가니로 몰아넣었습니다. 그런데 월드컵 축구 대회는 언제 어떻게 시작됐을까요?

공을 발로 차는 놀이는 아주 오래 전부터 있었습니다. 특히 축구의 종주국인 영국에서는 11세기경부터 시작되었지요.

당시 북유럽 사람들은 영국의 비옥한 땅을 차지하기 위해 심심찮게 침략하곤 했습니다. 이른바 바이킹이라고 불리던 해적들이었어요. 그때마다 영국 사람들은 이들을 물리친 후 죽은 적의 머리를 잘라 공처럼 차며 울분을 풀었지요. 이것이 바로 축구의 시작입니다. 너무 잔인하다고요? 그렇긴 하지만 당시 바이킹의 공격도 여간 무자비한 게 아니었답니다. 따라서 다시는 침략하지 말라는 경고의 뜻이 담겨 있었던 것이지요.

 그럼 월드컵 축구 대회는 언제 시작되었을까요?
 1904년, 국제 축구 연맹(FIFA)이 생기면서 처음으로 월드컵 축구 대회를 계획하게 되었습니다. 올림픽 대회는 아마추어만 뛸 수 있어서 실력 있는 프로 선수들이 실력을 겨룰 만한 무대가 필요했거든요. 그래서 1928년, 회원국들이 모여 각 대륙에서 가장 잘하는 축구팀들끼리 경기를 갖기로 했습니다.
 그리고 2년 후인 1930년, 남아메리카의 우루과이에서 제1회 월드컵 대회를 열었지요. 이때부터 월드컵 대회는 단일 종목으로는 세계에서 가장 큰 스포츠 행사가 되었답니다.
 월드컵은 4년에 한 번씩, 올림픽과 올림픽 사이에 열립니다. 우리나라와 일본에서 동시에 열린 2002년 한·일 월드컵은 16번째로 열린 대회였지요.

마라톤 거리는 왜 42.195km일까?

> 흔히 마라톤을 두고 인간의 한계를 시험하는 경기라고 합니다. 선수라도 끝까지 뛰지 못하는 경우가 있을 정도니까요. 그런데 왜 마라톤의 거리는 42.195km일까요?

 기원전 490년, 페르시아의 원정군은 아테네를 공략하기 위해 마라톤 광야에 상륙했습니다. 페르시아군은 10만 명에 이르는 것에 비해 아테네군은 1만 명밖에 없는 매우 불리한 전투였지요. 그러나 그리스에는 명장 칼리마코스 장군이 있었답니다. 이 전투에서 페르시아군은 6,000명이 넘는 병사를 잃은 데 반해 그리스군은 불과 192명밖에 잃지 않았지요. 조국이 이겼다는 사실을 본국에 알리고자 그리스의 용사 페이디피데스는 마라톤 광야에서부터 아테네까지 약 40km를 단숨에 달려갔습니다. 그러나 그는 아테네에 도착하자마자 곧바로 숨을 거두고 말았답니다. "우리가 승리했습니다. 아테네 시민이여, 기뻐하십시오!" 겨우 이 말만 하고요.

 그 후 그리스에서는 그의 숭고한 희생을 기리기 위해 마라톤 경기를 열었답니다.
 지금의 마라톤 거리가 42.195km로 늘어난 것은 1908년 제4회 영국의 런던 올림픽 대회에서였습니다. 물론 이때에도 처음에는 40km 정도였지요. 마라톤 경기의 출발지는 윈저 성에서 조금 떨어진 곳이었습니다. 그런데 영국의 왕족들이 영국 올림픽 위원회에 연락해 이렇게 말했어요.
 "발코니에서 선수들이 출발하는 모습을 보고 싶군요."
 출발지를 윈저 성으로 바꾸라는 말이었지요. 이렇게 해서 늘어난 거리를 합친 것이 42.195km가 되었답니다.

아라비아 숫자는 누가 만들었을까?

계산을 하거나 날짜, 시간 등을 나타낼 때 우리는 1, 2, 3, 4, 5, 6… 이러한 아라비아 숫자를 씁니다. 그런데 이 아라비아 숫자는 누가 만들어 낸 것일까요?

우리가 사용하고 있는 아라비아 숫자는 이름과는 달리 아라비아에서 만들어진 것이 아닙니다. 2세기경 산스크리트에 기록된 것이 제일 처음이지요. 그런데 왜 아라비아 숫자라는 이름이 붙었을까요?

그것은 인도에서 숫자가 만들어진 후 아랍 사람들이 숫자를 유럽으로 전했기 때문입니다. 아라비아에서 전해진 숫자라고 해서 유럽 사람들이 붙인 이름이지요. 어쨌든 당시 인도에서는 이 숫자를 발명한 덕분에 덧셈, 뺄셈, 곱셈, 나눗셈은 물론 제곱근, 세제곱근을 구하는 등 복잡한 수학도 쉽게 할 수 있게 되었습니다.

그런데 아라비아 숫자를 발명한 인도에서는 더 이상 수학이 발달하지 않았답니다. 인도에서는 승려나 왕족만 수학을 했

기 때문이지요. 특히 모든 생각을 시로 남겨 놓는 인도 사람의 버릇이 수학의 발전을 막았답니다. 수학은 시로 옮기기도 어렵지만 옮겨 놓아도 그 뜻을 분명하게 이해할 수 없으니까요.

 이와 같이 위대한 숫자의 이름을 빼앗겼으니 인도 사람들은 꽤나 억울할 거예요. 그러나 인도에서도 이 숫자를 발명한 사람이 누구인지는 전해지지 않고 있답니다.

7월과 8월은 왜 연달아 31일일까?

> 달력을 보면 한 달이 31일인 큰 달과 30일인 작은 달이 차례로 나옵니다. 그런데 7월과 8월은 둘 다 31일로 연달아 큰달입니다. 왜 그럴까요?

줄리어스 시저가 로마를 다스릴 때, 당시의 달력은 달의 주기를 기준으로 만든 것이었습니다. 따라서 날짜나 계절 등이 불완전했지요. 이에 비해 이집트 사람들은 지구의 공전 주기가 365일 6시간이라는 것을 알고 태양력을 만들었습니다.

시저는 이집트를 점령한 후 이 사실을 알고서 천문학자에게 새로운 달력을 만들라고 명령했답니다. 이때 한 가지 특별한 조건을 붙였는데, 바로 자신이 태어난 달인 7월을 큰 달로 하라는 것이었습니다. 그러자 시저의 양아들인 아우구스투스도 자신이 태어난 8월도 큰 달로 해 달라고 요청했습니다. 그 아버지에 그 아들이라고, 양아들도 아버지와 닮는 모양입니다.

이렇게 해서 만들어진 것이 바로 '율리우스력'입니다.

시저의 이름을 로마식으로 읽으면 '율리우스 카이사르'거든요. 이것을 처음 만들 때는 1년을 365일로 하고, 12로 나누어 열두 달을 만든 다음, 홀수 달은 31일, 짝수 달은 30일로 정했습니다. 그런데 이렇게 하면 1년이 366일이 되므로 2월을 하루 적은 29일로 조정했지요. 당시의 달력에서는 한 해가 3월에 시작되었기 때문입니다. 그러니까 2월은 마지막 달이었던 셈이에요. 그런데 아우구스투스가 8월을 큰 달로 만들기 위해 여기에서 또 하루를 빼내 결국 2월은 28일이 되었답니다.

윤년이 뭘까?

하루는 24시간, 1년은 365일입니다. 그런데 4년마다 한 번씩 366일이 됩니다. 이 해를 '윤년'이라고 하지요. 왜 윤년이 생기는 걸까요?

 지구가 태양의 주위를 한 바퀴 도는 데 걸리는 시간은 정확하게 365일 5시간 48분 46초입니다. 그런데 우리가 사용하고 있는 달력은 1년을 365일로 정하고 있습니다. 따라서 1년마다 5시간 48분 46초 차이가 나지요.
 이를 맞추기 위해서 4년에 한 번씩 2월을 29일로 만들었답니다. 즉 하루를 늘리는 거예요. 이와 같은 해를 '윤년'이라고 합니다.
 그럼 2월 29일에 태어난 사람은 4년에 한 번씩 생일이 돌아오는 거냐고요? 양력으로 하면 그렇겠지만 그런 사람은 음력 생일을 지내면 되겠지요.

그런데 윤년으로 문제가 다 해결되는 건 아니랍니다. 23시간 15분 4초 남은 걸 24시간으로 늘려 놓았으니까요. 그래서 100년에 한 번씩은 윤년을 빼고, 400년째 되는 해에는 다시 넣어야 계산이 맞는답니다.

그럼 윤달은 또 무엇일까요? 달의 한 달은 29.5일이라 음력 열두 달은 태양년보다 약 11일이 짧습니다.

그러므로 음력으로 날짜를 계산할 때는 3년 혹은 2년에 한 번씩 달을 끼워 넣어야 하지요. 이렇게 끼워 넣은 달을 '윤달'이라고 합니다.

마취제가 없었을 때는 어떻게 수술했을까?

치과에서 이를 뽑는 작은 치료를 할 때도, 배를 가르는 큰 수술을 할 때도 먼저 마취를 해야 합니다. 그런데 마취제가 없었을 때는 도대체 어떻게 수술했을까요?

마취제가 만들어지기 전에는 대부분의 환자들이 수술보다는 죽음을 선택했습니다. 수술이 너무 고통스러웠기 때문이에요. 마취도 하지 않은 채 칼로 살을 베고, 톱으로 뼈를 자르고, 망치로 내리쳤으니 얼마나 고통스러웠겠어요. 그러다 보니 큰 병이 생겨도 감히 수술할 생각을 못했지요. 수술로 고통을 받으니 그냥 앓다가 죽는 게 훨씬 편했으니까요. 혹시 멋모르고 수술을 받다가, "차라리 그냥 죽을래!"하고 소리쳤을지도 모르지요.

사정이 이렇다 보니, 의사들은 독한 술을 이용해 환자를 재우거나 아편이나 대마 같은 마약을 활용하기도 했지요. 얼음으로 몸의 감각을 마비시켜 수술을 했다는 기록도 있어요.

그럼 마취제는 언제 어떻게 만들어졌을까요? 제대로 된 마취제가 만들어진 것은 19세기 이후입니다.

영국의 과학자 험프리 데이비가 실험 도중에 아산화질소라는 기체를 마시고 잠깐 기절을 했습니다. 이것을 미국의 치과 의사인 호레이스 웰즈가 자신의 이를 뽑을 때 사용했는데, 이것이 바로 마취제의 시초이지요. 그 후 역시 치과 의사였던 윌리엄 모턴이 에테르를 발견하여 고통 없는 수술이 가능해졌습니다.

오늘날에는 프로포폴을 주사하거나 아산화질소를 흡입해 환자를 재우고 모르핀 유도제로 통증을 완화시키고 있어요.

국보는 어떻게 정할까?

역사적으로나 예술적으로 가치 있는 건물이나 도자기, 책, 그림 등을 나라의 보물, 즉 '국보'라고 합니다. 그런데 국보는 어떻게 누가 정하는 걸까요?

국보로 지정되려면 무엇보다도 보물로서 가치가 있어야 합니다. 아무리 오래된 것이라도 돌멩이는 돌멩이일 뿐이니까요. 그 다음에는 만들어진 지 오래되어야 합니다. 또 그 시대를 대표할 수 있는 것이어야 하고, 흔하지 않아야 하지요.

이와 같은 조건을 갖춘 것이 있다면 먼저 문화재청에서 심의를 합니다. 가치가 크다고 판단되면 비로소 문화 체육 관광부 장관에 의해 국보로 결정된답니다.

2024년 기준, 우리나라에 지정된 국보는 모두 358호입니다. 우리나라의 국보 1호가 서울 숭례문이라는 것은 모두 다 알고 있지요? 여기에서 1호란 가장 먼저 지정되었다는 것을 뜻합니다. 이렇듯 국가유산의 번호는 지정된 순서를 말하는 것이지만 많은 사람들이 국가유산의 중요도로 착각하여 2021년부터는 번호를 사용하지 않고 있답니다.

국보 제1호 서울 숭례문   국보 제29호 성덕대왕신종   국보 제31호 경주 첨성대

그러면 보물은 무엇일까요? 말 그대로 보물처럼 국가유산으로서 가치가 인정되어 지정된 것입니다. 보물 중에서도 가치가 크고 유례가 드문 것이 국보로 정해지지요. 국보 1호인 서울 숭례문과 보물 1호인 서울 흥인지문을 비교해 보면, 같은 문이라 하더라도 숭례문이 여러 면에서 더 가치가 있다는 뜻입니다.

하지만 국보든 보물이든 모두 상관없이 조상들이 물려준 소중한 국가유산이니 우리 스스로 아끼고 보호해야 한답니다.

전자레인지는 어떻게 음식을 데울까?

> 먹고 남은 음식이나 냉동 식품을 데울 때 우리는 전자레인지를 씁니다. 빨리 데워지고 모양도 변하지 않기 때문에 정말 편리하지요. 그런데 전자레인지는 어떤 원리로 음식을 데울까요?

1945년, 미국의 스펜서라는 사람이 군사용 레이더에 사용하는 마이크로파를 실험하고 있었습니다. 그런데 마이크로파 발생 장치인 마그네트론 옆으로 다가갔을 때입니다. 갑자기 바지 주머니에 있던 초콜릿이 순식간에 녹아내리는 것이었습니다. 스펜서는 혹시나 하면서 옥수수를 마그네트론에 갖다 댔는데, 순식간에 튀겨져 팝콘이 되었답니다.

"옳지, 마이크로파가 열을 발생시키는구나!"

스펜서는 연구를 시작했고, 1946년 전자레인지를 만들었답니다.

마이크로파는 음식에 포함되어 있는 물 분자를 진동시켜 열을 발생시킵니다. 물 분자가 서로 부딪치면서 열을 내는 것이지요. 이때 진동수는 1초에 24억 5천만 번이나 된답니다. 그렇기 때문에 전자레인지를 사용할 때는 넣어서는 안 되는 것들도

많습니다. 계란이나 뚜껑을 따지 않은 유리병 등은 폭발할 수도 있어요.

그런데 전자레인지는 얼음도 빨리 녹일 수 있을까요? 놀랍게도 얼음은 녹이지 못합니다. 얼음을 이루고 있는 물 분자들이 서로 단단하게 결합되어 있기 때문이에요. 즉 마이크로파가 얼음의 물 분자를 진동시키지 못하고 그대로 통과하여 열이 발생되지 않는 거랍니다.

그럼 꽁꽁 언 고기는 어떻게 녹이냐고요? 그건 얼음 주위에 있는 물기를 뜨겁게 하기 때문입니다. 전자레인지의 해동 버튼을 누르면 마이크로파가 띄엄띄엄 발생하는데, 이것은 뜨거워진 물이 얼음을 녹일 시간을 주기 위해서지요.

거짓말 탐지기는 어떻게 거짓말을 알아낼까?

거짓말 탐지기는 거짓말을 하는지 안 하는지 알아보는 장치입니다. 그런데 기계가 어떻게 사람의 마음을 알아낼 수 있을까요?

거짓말이란 자기가 알고 있는 것과 다르게 말을 꾸며 내는 것인데 이때는 얼굴이 붉어지거나, 땀이 나고, 가슴이 두근거리는 등의 신체 반응이 나타납니다. 사실 거짓말이 들통날까 봐 마음속으로 염려하고 있기 때문이에요. 이와 같은 반응들을 정밀하게 기록하는 장치가 바로 '거짓말 탐지기'입니다. 주로 범인을 수사할 때 사용하지요.

거짓말을 알아내는 방법은 이렇습니다. 조사 받을 사람을 의자에 앉힌 후 호흡 변화 측정기, 혈압 및 심장 박동수 측정기 등을 몸에 연결합니다. 그런 다음 수사관이 범죄와 관계있는 질문을 던집니다. 예를 들어 "네가 한 짓이지!"라고 하

면, 조사 받는 사람은 '네' 또는 '아니오'로 대답할 것입니다. 그런데 만약 거짓으로 말을 하고 있다면 혈압이나 심장 박동, 호흡 등이 보통 때와는 달라질 것입니다. 거짓말하고 있다는 것을 몸으로 보여 주는 셈이지요.

그러나 사람에 따라서는 거짓말 탐지기에 반응이 나타나지 않을 수도 있고, 반대로 너무 예민하게 나타날 수도 있어서 법정의 증거 자료로는 채택되지 않고 있답니다.

정치·경제 Politics&Economy

어른들이 하는 이야기를 도저히 알아듣지 못해서 답답했던 적이 있나요?
뉴스를 보다가 복잡한 내용이 너무 많아서 머리가 어질어질했던 적은요?
도대체 세금은 왜 내는지, 경기는 뭘 말하는 건지,
또 일본은 왜 독도를 자기네 땅이라고 하는지…….
복잡한 사회 속 질문들을 어떻게 하면 잘 이해할 수 있을까요?

세금은 왜 낼까?

> 월급을 받거나, 집을 사거나, 유산을 상속 받으려면 세금을 내야 합니다. 우리 부모님이 일해서 번 돈이고, 스스로 모은 돈으로 사는 집인데 왜 나라에 세금을 내야 할까요?

집에서 살림을 하려면 돈이 있어야 하듯이 정부에서도 나라 살림을 꾸려 나가려면 돈이 필요합니다. 우리나라를 안전하게 지키기 위해 군대를 두고, 도둑이나 강도로부터 국민의 재산과 생명을 보호할 수 있도록 경찰서를 두고, 교통질서를 위해 신호등과 횡단보도 등을 설치하는 데 필요한 돈이지요.

따라서 세금은 국민 각자가 자신의 일에 열중하며 평화롭게 살아가는 데 드는 비용이라고 할 수 있습니다. 세금을 내는 대신 나라의 보호를 받으니까요.

"난 세금 안 내고 나라 도움도 안 받을래!" 혹시 이런 사람이 있다면 강도를 만나도 경찰의 도움을 받을 수 없습니다. 불이 나도 소방서에 신고할 수 없겠지요. 그리고 세금은 우리나라 국민이라면 반드시 내야 한답니다.

　그럼 세금에는 어떤 것들이 있을까요? 월급을 받는 사람은 매달 근로 소득세를 내야 합니다. 또 집을 사면 취득세와 등록세를 내야 하며, 집을 가지고 있으면 재산세를 내고, 외국에서 물건을 사면 관세를 내야 하지요.

　우리가 평소에 사는 물건에도 세금이 붙어 있답니다. 연필, 음료수, 과자, 옷, 가전 제품 하나하나에도 세금이 포함되어 있어요. 그러니까 우리는 생활 속에서 직접 또는 간접적으로 세금을 내고 있는 거랍니다. 어른들은 물론 어린이들까지도요!

은행에 돈을 맡기면
왜 이자를 받을까?

> 우리가 은행에 돈을 맡기면 맡긴 돈보다 더 많은 돈을 돌려받습니다. 바로 이자가 붙기 때문이에요. 반대로 돈을 빌리면 이자를 내야 합니다. 그런데 이자는 왜 주고받는 걸까요?

은행에 돈을 넣어 두면 좋은 점이 참 많습니다. 보관하는 데 신경 쓰지 않아서 좋고, 낭비하지 않게 되어서 좋고, 잃어버릴 염려가 없어서 좋지요. 그리고 또 하나 좋은 점이 있어요. 그게 뭐냐고요? 바로 이자가 붙는다는 것이랍니다.

그런데 은행은 왜 돈을 맡아 주면서 이자까지 주는 걸까요? 그것은 우리가 돈을 맡겨야 그 돈으로 사업을 할 수 있기 때문이랍니다. 즉 고객이 맡긴 돈을 모아 필요한 사람이나 회사에 빌려주고 이자를 받는 사업을 하는 것이지요.

보통 이자는 돈을 얼마만큼, 또 얼마 동안 빌렸느냐에 따라서 달라집니다. 그런데 같은 금액, 같은 기간이라도 은행에 맡겼을 때 받는 이자보다 빌렸을 때 내는 이자가 훨씬 많아요. 왜냐고요? 그래야 은행에 이익이 남거든요. 원래 사업은 이익을 남기기 위한 것이니까요.

경기가 좋다 또는
나쁘다는 말이 뭘까?

뉴스를 보다 보면 우리나라 경기가 좋아졌다거나 나빠졌다는 말을 많이 합니다. 도대체 경기가 무엇이길래 좋다 또는 나쁘다고 하는 걸까요?

경기가 좋아졌다는 말은 경제가 성장했다는 말과 같습니다. 각 가정의 소득이 늘어나 생활에 여유가 생기고 저축도 많아졌다는 것이지요. 또 기업의 생산량도 늘어나 나라 전체의 살림살이가 커진 것입니다.
 그런데 경제가 성장했다는 것은 무엇으로 알 수 있을까요?
 경제 성장 정도를 알려 주는 것을 '경제 지표'라고 하는데, 그중 대표적인 것이 '국내 총생산'입니다. 국내 총생산은 한 나라 안에서 만들어진 것을 모두 합해 금액으로 나타낸 것이지요. 이 국내 총생산이 지난해보다 늘어나면 경기가 좋아진 것이고, 감소하면 경기가 나빠진 것이랍니다.
 가령 우리나라 물건이 외국에서 큰 인기를 얻거나 해외 관광객이 늘어나면 국내 총생산이 늘어나서 경기가 좋아지겠지요? 그래서 나라에서는 늘 경기가 좋아지도록 여러 정책을 펼친답니다.

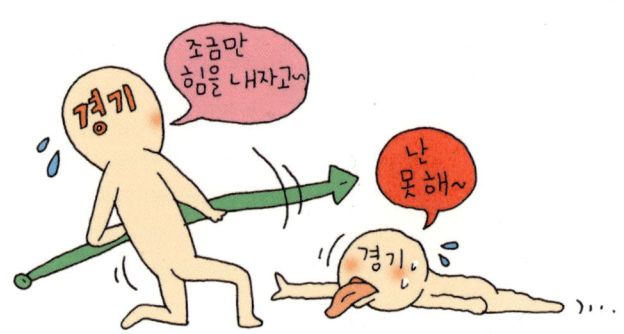

돈을 많이 찍어 내면 어떻게 될까?

돈이 없으면 다른 사람에게 돈을 빌립니다. 이것을 빚이라고 하는데, 개인뿐 아니라 정부도 빚을 집니다. 그런데 정부에서는 왜 돈을 빌릴까요? 돈을 많이 찍어 내면 될 텐데 말이에요.

경기가 나빠지면 정부는 도로를 만들거나 건물을 지어 일자리를 만듭니다. 그러자면 많은 돈이 필요해서 돈을 빌릴 수밖에 없답니다. 세금을 걷는 데도 한계가 있으니까요.

정부에서 마음대로 돈을 찍어 낼 수 있지 않느냐고요? 물론 그럴 수도 있지요. 그러나 그렇게 하면 통화량(한 나라 안에서 돌고 있는 돈의 양)이 늘어나서 돈의 가치가 떨어지게 됩니다. 1,000원 주고 살 수 있었던 과자를 3,000원이나 5,000원을 주고 사야 하는 것이지요.

이러한 현상을 '인플레이션'이라고 하는데, 1920년대 독일에서는 엄청난 인플레이션을 겪었습니다. 제1차 세계 대전에서 패한 독일 정부가 전쟁 배상금을 갚기 위해 마구잡이로 돈을 찍어 냈기 때문이에요. 당시 빵 한 덩어리의 가격이 2,000억 마르크였다면 어느 정도인지 짐작할 수 있겠지요?

주식이 뭘까?

뉴스나 신문을 보면 주식이 올랐다느니, 내렸다느니 합니다. 우리나라뿐만 아니라 외국의 주식 정보도 종종 다루곤 하지요. 주식을 가지고 있는 사람들은 날마다 주식 시세에 귀를 곤두세웁니다. 도대체 주식이 뭘까요?

어떤 사람이 회사를 만들려고 합니다. 그런데 돈이 부족해서 여러 사람에게 투자를 해 달라고 했습니다. 회사가 잘 되면 이익금을 나누어 준다는 조건으로요. 이 제안을 받아들여 투자금을 내면 주면 회사는 그 증거로 증서를 건네줍니다. 이때 건네준 증서를 '주식'이라 하고, 투자한 사람을 '주주'라고 하지요. 주식회사란 이처럼 주식으로 돈을 모아 만든 회사를 말합니다.

그런데 회사가 망하면 어떻게 하냐고요? 이익금을 못 받는 건 당연하고, 투자한 돈까지 잃게 되는 거지요. 따라서 주식을 사기 전에 반드시 그 회사가 발전할 가능성이 있는지 없는지 잘 알아보아야 한답니다.

주가가 올랐다거나 내렸다는 이야기는 많이 들어 봤지요?

그렇다면 주가가 올랐다는 말은 무슨 뜻일까요? 예를 들어 5,000원에 주식을 샀는데 누군가 6,000원에 사겠다고 합니다. 회사가 이익을 많이 내거나 발전할 가능성이 있다고 생각한 거지요. 이러한 경우에는 주가가 1,000원 올라간 것이고, 주주는 그만큼 이익을 본 거랍니다.

반면에 주식을 팔려고 하는데 살 사람이 없어서 4,000원에 팔았다면 주가가 1,000원 내려간 것입니다. 주주는 그만큼 손해를 본 것이고요. 이처럼 주가는 내려가기도 하고 올라가기도 합니다. 따라서 돈을 버는 사람도 있고, 손해를 보는 사람도 생기지요.

환율이 뭘까?

해외 여행을 하거나, 외국에서 물건을 사려면 우리나라 돈을 그 나라의 돈으로 바꿔야 합니다. 이때 환율에 따라 받는 액수가 달라집니다. 그런데 환율이 뭘까요?

나라와 나라 사이의 거래는 어떻게 이루어질까요? 나라와 나라 사이의 거래도 돈으로 이루어집니다. 그런데 나라마다 사용하는 돈이 달라서 환율이라는 것이 생겨났답니다.

예를 들어, 우리나라 사람이 미국 물건을 사려면 달러를 내야 합니다. 그러자면 원화를 달러로 바꿔야 하지요. 이때, 원화와 달러가 어떤 비율로 교환되는가를 나타내는 것이 바로 '환율'이에요. 보통 환율은 다른 나라 돈을 얻기 위해 내야 하는 우리나라 돈으로 표시합니다. 만약 미국 돈 1달러와 우리나라 돈 1,000원을 바꿀 수 있다면 1달러에 1,000원의 가치가 있는 것이에요. 그래서 환율은 1달러에 대한 원화의 비율인 1,000원으로 나타냅니다. 그러니까 환율이란 한마디로 돈의 가치를 돈으로 나타내는 거랍니다.

환율은 수입과 수출에도 영향을 미칩니다. 환율이 오르면 수출은 많아지고 수입은 적어지지요. 예를 들어, 100만 원짜리 텔레비전을 수출할 때 환율이 1달러에 1,000원에서 1,300원으로 올랐다고 해 봅시다. 그러면 미국 사람들은 1,000달러를 주고 사던 텔레비전을 770달러 정도만 주면 됩니다. 이것은 우리나라 텔레비전이 환율에 따라 상대적으로 저렴해졌다는 것을 뜻해요. 따라서 우리나라 텔레비전은 더 많이 팔려 나갈 것입니다. 반면 수입은 수출과 반대가 되어 줄어들게 되지요. 예전보다 비싼 가격에 물건을 사와야 하니까요.

세계의 모든 돈이 통일되면 편할 텐데…

정말?

여러 나라의 화폐

유럽 연합(유로)

일본(엔)

중국(위안)

미국(달러)

대통령과 수상은 어떻게 다를까?

우리나라는 5년에 한 번씩 선거를 통해 대통령을 뽑습니다. 그런데 일본이나 영국 등에서는 수상을 뽑습니다. 대통령과 수상은 어떻게 다른 걸까요?

대통령은 국민이 직접 선거를 해서 뽑습니다. 반면에 수상은 국회 의원 중에서 한 사람이 되지요. 국민들이 국회 의원을 뽑으면 그 국회 의원 중에서 한 사람이 수상이 되는 거랍니다. 이것을 '의원 내각제'라고 하지요.

대통령이나 수상이나 한 나라의 대표라는 점은 똑같습니다. 뽑는 방법만 다를 뿐이에요.

　같은 대통령 중심제에서도 나라마다 선거 방식은 조금씩 다릅니다. 미국에서는 국민이 직접 대통령을 뽑지 않고 각 주의 선거인단이 뽑습니다. 또 우리나라는 대통령이 국무총리를 뽑는 데 반해, 미국에서는 대통령과 부통령이 함께 선거에 나오지요.
　의원 내각제이면서 대통령도 있는 독일은 국민이 대통령과 수상을 모두 뽑는데, 수상은 나라 안의 일을 하고 대통령은 외교에 관한 일을 합니다. 영국과 일본은 의원 내각제로서 수상이 대통령과 같은 권한을 갖고 나라 안팎의 일을 도맡아 한답니다.

국회 의원은 체포할 수 없다는데?

> 국회 의원은 국민의 손으로 직접 뽑은 국민의 대표입니다. 그만큼 임무가 크고 책임도 따르는 직업이지요. 그런데 국회 의원은 범죄 혐의가 있어도 함부로 체포할 수 없다고 합니다. 왜 그럴까요?

국회 의원은 국민의 대표로서 특별한 대우를 받습니다. 즉 국회가 열리고 있는 동안에는 눈앞에서 범죄를 저지른 경우나 국회가 동의를 한 경우를 제외하고는 체포되지 않습니다. 이것을 '불체포 특권'이라고 한답니다.

원래 불체포 특권은 왕이 모든 권한을 갖고 있던 17세기 유럽의 절대 왕정 시대에 영국에서 생겨난 제도입니다. 절대 왕정 시대에는 아무리 국민에 의해 뽑힌 의원이라도 왕에게 부당한 대우를 받는 경우가 많았습니다. 그만큼 왕의 권한이 컸던 것이지요. 따라서 의원들은 왕의 눈치를 보느라 국민의 뜻을 제대로 전하지 못했답니다. "백성이냐 왕이냐, 이것이 문제로다!"하면서 말이에요.

그래서 국민을 대변하는 의원을 지키기 위해 불체포 특권이 생겨나게 된 것입니다. 물론 일시적으로 체포를 하지 않는 것뿐, 실제로 잘못을 저질렀다면 이후 처벌을 받습니다.

국회 의원에게는 불체포 특권 외에 또 다른 특권이 있습니다. 바로 '면책 특권'이에요. 이것은 국회 의원으로서 한 말과 투표한 것에 대해 국회 밖에서 책임을 지지 않는 특권이랍니다. 국민의 대표로서 국민들의 뜻을 정책에 담으려면 자유롭게 활동할 수 있어야 하기 때문이지요.

이렇게 특권이 주어졌다고 해도 국회 의원이라는 지위를 내세워 사사로운 이익을 챙기거나 국회의 질서를 무너뜨리는 행동을 하면, 국회 의원 자격을 뺏기도 합니다. 국민의 대표답게 청렴결백하고 국익을 우선해야 한다는 뜻에서지요. 국회 의원들은 특권이 주어진 만큼 국민들을 위해 더욱 봉사해야 겠지요?

일본은 왜 독도를
자기네 땅이라고 우길까?

잊을 만하면 한 번씩 터지는 독도 문제. 독도는 분명히 우리 땅인데 왜 일본은 자꾸 자기네 땅이라고 우길까요?

 독도는 우리나라 제일 동쪽 끝에 위치한 화산섬으로 동도와 서도를 포함해 89개의 작은 섬으로 이루어졌답니다. 주소는 경상북도 울릉군 울릉읍 독도리로 2024년 기준, 26명의 주민이 살고 있어요.
 일본이 독도를 자기네 땅이라고 우기기 시작한 것은 1905년부터입니다. 독도 일대의 해산물을 자기 마음대로 채취하고 싶은 욕심이었지요. 그래서 같은 해 2월 22일, 독도를 '다케시마'라는 이름으로 시마네현에 편입시켰습니다. 그 후 계속해서 자기네 땅이라고 우기고 있답니다. 그러나 어림도 없는 일이지요. 이미 17세기에 울릉도와 독도는 우리나라의 땅이라고 일본에서 공식적으로 인정했거든요.

그런데 독도 문제가 왜 쉽게 해결되지 않는 걸까요?

바닷가에서 12해리(약 22km) 앞 바다까지가 그 나라에 속한 바다입니다. 그리고 그 나라에 속하지는 않지만 12해리부터

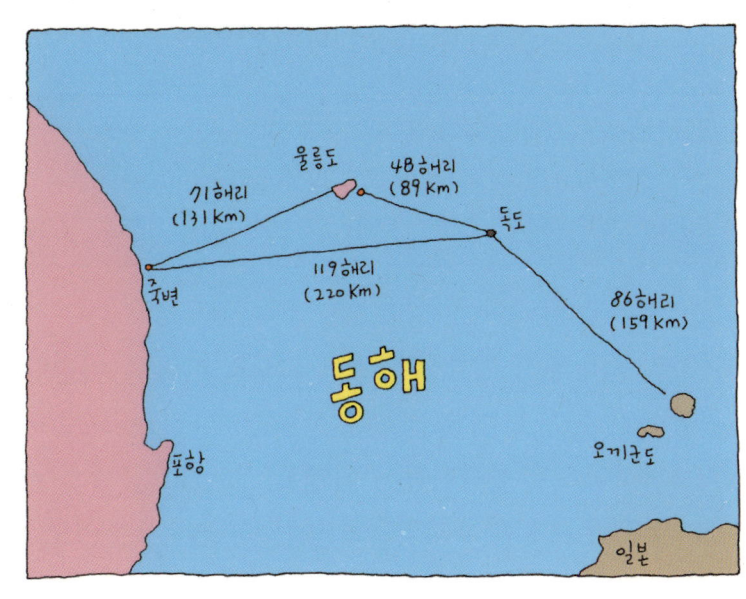

200해리(약 370km)까지는 다른 나라의 배가 들어와서 어업을 할 수가 없답니다. 그런데 우리나라와 일본 사이의 바다는 200해리가 채 안 되고, 그 중간에 독도가 있으니 일본에서 계속해서 역사를 왜곡하며 우기고 있는 것이지요.

팔레스타인과 이스라엘은 왜 싸울까?

팔레스타인 무장 단체에서 기습 공격을 한 것에 대해 이스라엘이 보복 공격을 했다는 소식이 심심찮게 들려옵니다. 팔레스타인과 이스라엘은 바로 옆 나라라고 하는데 왜 그렇게 싸울까요?

이스라엘의 도시 예루살렘에는 유대교, 기독교, 이슬람교에서 성스럽게 여기는 장소 세 곳이 모여 있습니다. 한 곳은 '바위 돔'으로 이슬람교를 창시한 마호메트가 천국으로 올랐다는 곳이에요. 그 바로 옆에 있는 '통곡의 벽'은 과거 로마 제국이 무너뜨린 유대인들의 성전 중 남은 부분이고, 나머지 한 곳은 '성분묘 교회'로 예수가 십자가에 못 박힌 곳이지요. 이 세 곳은 사방 1km 안에 모두 모여 있답니다.

국제 연합(UN)에서는 국제법상 예루살렘을 어디에도 속하지 않는 지역으로

선포했지만, 유대인들은 예루살렘을 자신들의 수도로 선언했어요. 이슬람교도로서는 도저히 받아들일 수 없는 주장이지요. 이런 이유로 서로 성지를 차지하기 위해 싸우는 거랍니다.

 싸움의 원인은 조금 더 옛날로 거슬러 올라갑니다. 제2차 세계 대전 중에 독일의 히틀러가 수많은 유대인들을 죽였는데, 유대인들은 이것을 나라가 없어서 당한 고통이라고 생각했어요. 그래서 먼 옛날 자신들의 나라가 있었던 팔레스타인 땅에 다시 이스라엘이라는 국가를 세웠답니다. 하지만 이미 팔레스타인 땅에는 아랍인들이 살고 있었지요. 그들은 곧 팔레스타인 해방 기구(PLO)라는 단체를 만들어 저항했지만, 반복되는 전쟁에서 이스라엘이 승리를 거두며 그들이 생활할 수 있는 곳이 매우 좁아졌습니다.

 이런 이유로 두 민족의 싸움은 지금도 그칠 줄 모르고 이어지고 있지만, 무고한 사람들의 피해가 점점 커져 평화와 공존에 대한 요구도 계속되고 있답니다.

유로가 뭘까?

> 프랑스 사람이 이탈리아나 독일 등으로 여행 갈 때는 돈을 바꾸지 않아도 됩니다. 유럽의 20개 나라가 공통 화폐인 유로를 쓰기 때문이지요. 그런데 유로가 뭘까요?

 제2차 세계 대전 이후에 유럽은 하나가 되기로 했습니다. 이쪽저쪽으로 갈라져 싸우면서 수많은 사람이 죽고, 경제적으로나 문화적으로 엄청난 피해를 보았기 때문이에요. 이것이 바로 유럽 연합(EU)의 시작입니다.
 농업과 공업을 공동으로 관리하기 시작하면서 경제 공동체가 되기 위해 각 나라는 많은 노력을 기울였어요. 그리고 1985년 유럽 연합 회원국끼리는 여권이 없어도 서로 오갈 수 있게 되었습니다. 그전까지는 독일에서 프랑스나 이탈리아로 여행을 가려면 일일이 여권을 보여 주어야 했습니다. 그러나 통합이 된 이후부터는 회원국끼리는 어디를 가든 무사통과였지요.
 물처럼 바람처럼 아주 자유롭게 다닐 수 있게 되었냐고요? 꼭 그렇지만은 않았답니다. 환전(돈을 바꾸는 것) 문제가 남아 있었으니까요. 이탈리아 사람이 프랑스에서 차비를 내려면 리라를 프랑으로, 독일 사람이 이탈리아에서 물건을 사려면 마르크를 리라도 바꿔야 했던 것이지요. 그래서 유럽은 아예 돈까지 통일시키기로 했습니다. 그리고 1999년, 새로 도입된 것이 바로 유럽의 공통 화폐인 '유로'랍니다.

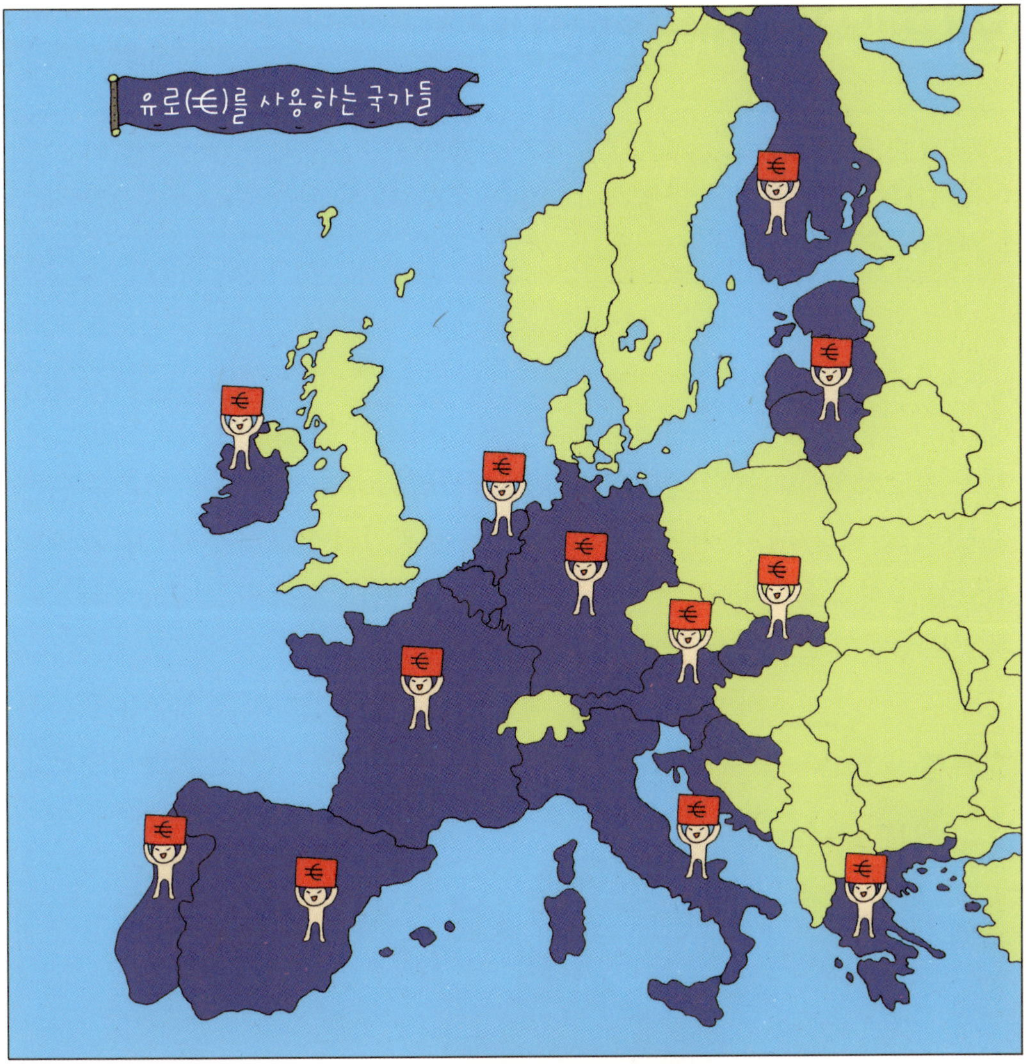

왜 핵무기를 개발했을까?

핵무기란 원자 폭탄, 수소 폭탄 등을 말하는 것으로 그 파괴력은 가히 엄청나서 인류를 멸망시킬지도 모른다고 합니다. 이렇게 위험하고 무서운 핵무기를 도대체 왜 개발했을까요?

"3, 2, 1, 폭발!"

1945년 7월, 미국의 뉴멕시코주에서는 세계 최초의 핵 실험이 이뤄졌어요. 전 세계 최고의 과학자들이 비밀리에 모여 개발한 핵무기의 위력을 처음 확인한 순간이었습니다. 제2차 세계 대전 당시 미국은 독일의 히틀러가 핵무기를 개발한다는 소식을 듣고 바로 핵무기 개발에 착수했어요. 전쟁을 끝내기 위해서는 독일보다 빨리 실험에 성공해야 한다고 생각했지요.

1945년 5월, 독일은 항복을 선언했지만, 일본은 끝까지 미국이 속한 연합군과 대치했어요. 결국 1945년 8월, 미국은 일본 히로시마에 원자

폭탄을 투하했습니다. 원자 폭탄이 투하된 순간, 엄청난 폭발음과 함께 거대한 불기둥이 솟아올랐지요. 폭발로 인해 도시 전체가 불바다가 되면서 8만 명이 죽고, 이후 방사능 오염으로 수십만 명이 죽거나 고통 받았습니다. 두 번째 원자 폭탄이 나가사키에 투하되자 일본은 항복할 수밖에 없었지요.

 핵무기가 전쟁을 끝나게 했지만, 핵무기가 가져온 끔찍한 피해에 수많은 사람들은 충격을 받았습니다. 그러나 원자 폭탄의 위력에 놀란 강대국들은 너나 할 것 없이 핵무기를 개발하기 시작했어요.

 그러다 1996년, 국제 연합(UN)에서 핵 실험 금지 조약을 내놓았습니다. 앞으로 핵무기와 관련된 실험을 못 하게 막은 것이지요.ㅋ핵 실험이 지구 환경과 인류의 안전을 위협할 뿐만 아니라 핵무기는 파괴력이 어마어마해서 외교적으로도 무기가 될 수 있기 때문이에요.

 그러나 국제 연합의 조약에 따르지 않고 계속해서 핵 실험을 실시하고 있는 나라도 있어서 국제적으로 큰 논란이 되고 있답니다.

남극은 어느 나라 땅일까?

펭귄과 물개의 나라 남극은 일년 내내 눈과 얼음으로 덮여 있습니다. 그래서 사람이 살지 못하지요. 그런데도 남극의 주인이 있을까요? 있다면 어느 나라일까요?

남극은 아주 추워서 사람이 살지는 못하지만, 무수한 자원이 있는 귀중한 땅이에요. 그래서 영국과 호주, 뉴질랜드, 칠레, 아르헨티나, 노르웨이 그리고 프랑스까지 7개 나라에서 각자 남극을 자기네 땅이라고 주장했습니다. 누가 먼저 발견했다거나 지리적으로 더 가깝다거나 등의 이유를 대면서 말이지요.

이에 대해 미국과 러시아 등은 남극을 관리하는 국제기구가 필요하다고 주장했고, 그 결과 1959년 12월 1일, 12개의 나라가 미국 워싱턴에 모여 남극 조약에 서명하게 되었답니다. 남극은 어느 나라 것도 아닌 과

학 연구를 위한 공간이니 소중하게 여기자는 내용이었지요.

그러나 그 후에도 각 나라에서는 기지를 설치하는 등, 남극에서 세력을 넓히기 위해 애쓰고 있답니다. 국제 협약이 풀리면 그동안 남극에 대해 연구하고 개발했다는 것을 내세워 영유권을 주장할 수 있기 때문이에요.

우리나라도 1986년 남극 조약에 가입했고, 1988년 2월에 킹조지 섬에 세종 과학 기지를, 2014년에 장보고 과학 기지를 완공했습니다. 후손에게 물려줄 유산을 확보하기 위해 소리 없는 전쟁에 참가한 셈이지요.

초등호기심백과

1판 1쇄 2024년 7월 1일
1판 3쇄 2025년 8월 1일

글 봉현주
그림 김학수
감수 이정모

발행인 김진용
발행처 (주)삼성출판사
등록 제1-276호
주소 서울시 서초구 명달로 94
문의 080-470-3000
홈페이지 www.mylittletiger.co.kr

ⓒ삼성출판사 2024
Printed in Korea

이 책에 실린 모든 글과 그림을 무단으로 복사·복제하는 것은
저작권자의 권리를 침해하는 것입니다.
ISBN 978-89-15-99899-5

어린이제품 안전특별법에 의한 표시사항
제조사명 (주)삼성출판사 | **제조국** 대한민국 | **제조 연월** 2025년 8월 | **사용 연령** 3세 이상
주소 서울시 서초구 명달로 94 | **전화** 080-470-3000
주의 사항 책 모서리나 종이에 긁히거나 베이지 않게 조심하세요. 불에 가까이하지 마세요.